Impressum
Verlag: BABADADA GmbH, Nedderfeld 112 , 22529 Hamburg
Geschäftsführer / Verlagsleitung: Harald Hof
Druck: Books on Demand GmbH, In de Tarpen 42, 22848 Norderstedt

Imprint
Publisher: BABADADA GmbH, Nedderfeld 112 , 22529 Hamburg, Germany
Managing Director / Publishing direction: Harald Hof
Print: Books on Demand GmbH, In de Tarpen 42, 22848 Norderstedt

el colegio

ikigo c' amashure

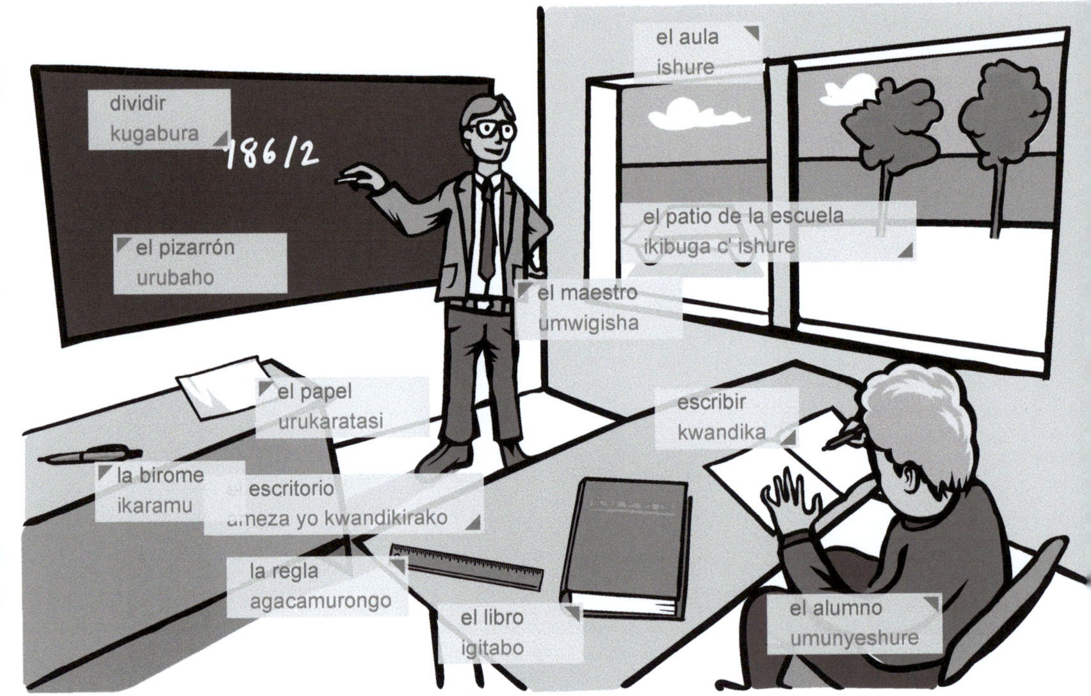

el aula
ishure
dividir
kugabura
186/2
el pizarrón
urubaho
el patio de la escuela
ikibuga c' ishure
el maestro
umwigisha
el papel
urukaratasi
escribir
kwandika
la birome
ikaramu
escritorio
meza yo kwandikirako
la regla
agacamurongo
el libro
igitabo
el alumno
umunyeshure

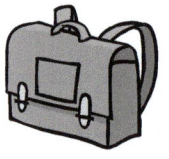

la mochila

isakoshi y'' ishure

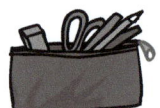

la caja de lápices

agasaho k' amakaramu

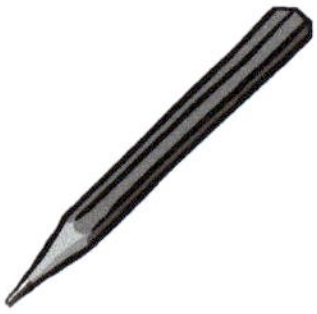

el lápiz

ikaramu y igiti

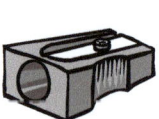

el sacapuntas

agasongozo k ikaramu y igiti

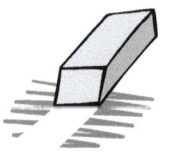

la goma (de borrar)

igome

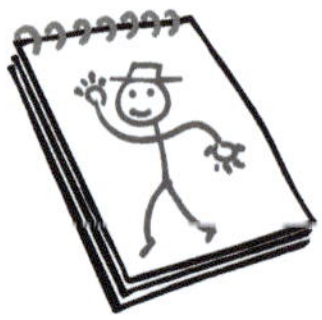

el bloc de dibujo

ikaye yo gucapamwo

el dibujo

igicapo

el pincel

ikaramu bacapisha irangi

la caja de pinturas

agasandugu kamabara

la tijera

imikasi

el pegamento

kore

el cuaderno de ejercicios

ikaye y' imyimenyerezo

la tarea

imyimenyerezo yo muhira

el número

igiharuro

sumar

guteranya

restar

gukuramwo

multiplicar

kugwiza

calcular

guharura

la letra

urudome

el abecedario

indome

la palabra

ijambo

el texto

igisomwa

leer

gusoma

la tiza

ingwa

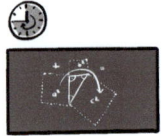

la lección

icigwa

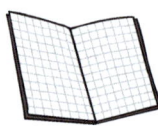

el cuaderno de clase

igitabo c' ishure

el examen

ikibazo

el certificado

impamyabushobozi

el uniforme escolar

impuzu y' ishure

la educación

kwiga

la enciclopedia

kazinduzi

la universidad

kaminuza

el microscopio

mikorosikopi

el mapa

ikarata

el tacho (de basura)

agaseke bajugunyamo
amakaratasi

el viaje
urugendo

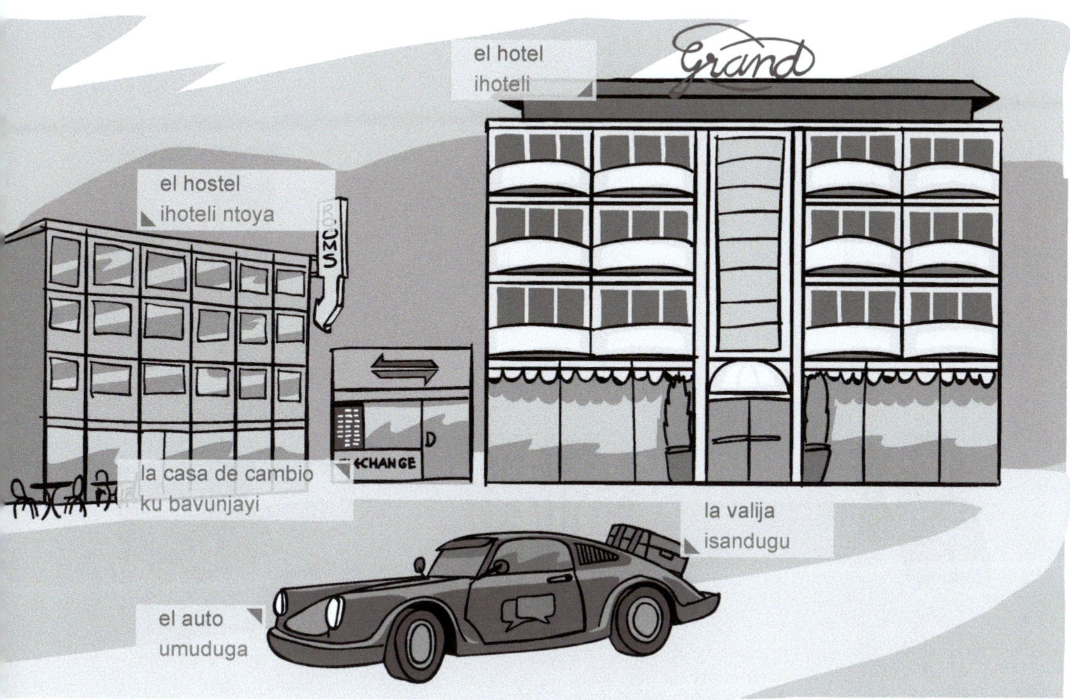

el hotel
ihoteli
Grand
el hostel
ihoteli ntoya
ROOMS
EXCHANGE
la casa de cambio
ku bavunjayi
la valija
isandugu
el auto
umuduga

el idioma

ururimi

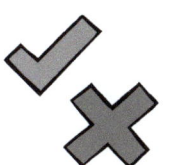

sí / no

ego / oya

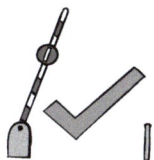

Está bien

ego

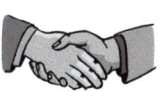

hola

amahoro!

el traductor

umuntu asigura

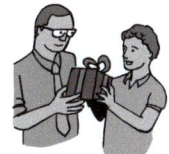

Gracias

ndashimye

¿cuánto cuesta…?

ni angahe?

No entiendo

sindabitahura

el problema

ingorane

¡Buenas tardes!

mwiriwe!

¡Buenos días!

mwaramutse

¡Buenas noches!

ijoro ryiza!

el adiós

nakagaruka

la dirección

inzira

el equipaje

imizigo

el bolso

igapo

la mochila

isaho baheka mu mugongo

el invitado

umushitsi

la habitación

icumba

la bolsa de dormir

umufuko wo kuraramo mu
rugendo

la carpa

ihema

la información turística

kumenyesha ingenzi

la playa

ku musenyi

la tarjeta de crédito

ikarata y' amahera

el desayuno

ifunguro rya mugatondo

el almuerzo

ifunguro ryo ku murango

la cena

ifunguro ry 'ijoro

el pasaje

itike

el ascensor

ingazi y' umuyagankuba

el sello

umukono

la frontera

umupaka

la aduana

duwane

la embajada

ubuserukizi bw' igihugu

la visa

viza

el pasaporte

pasiporo

el transporte
gutwara abantu n' ibintu

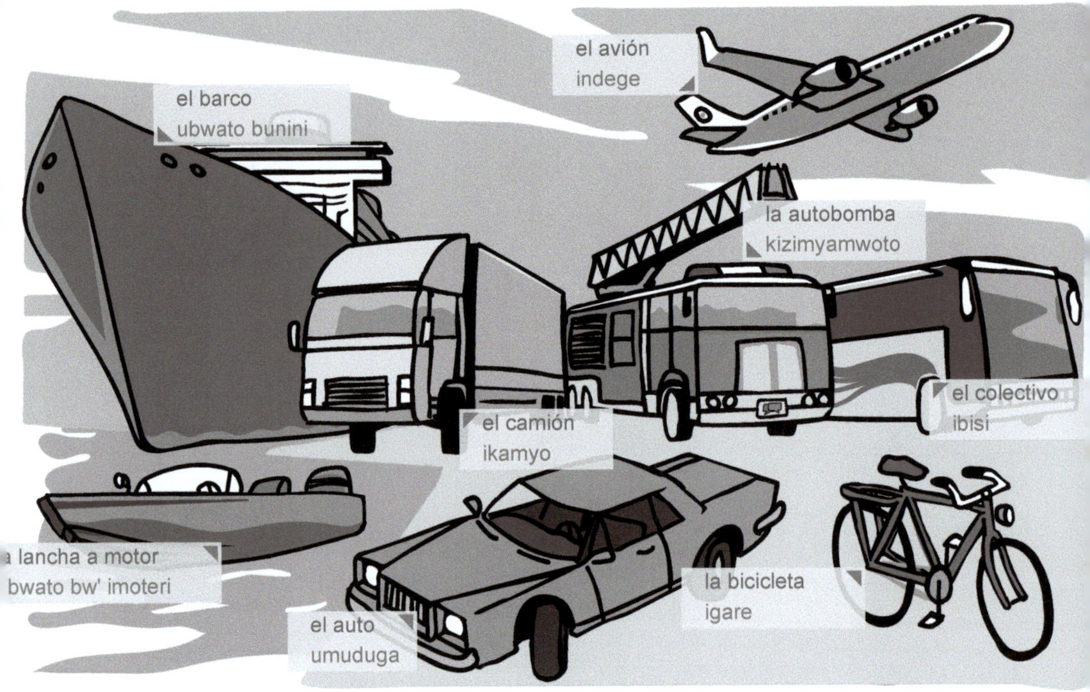

el avión
indege

el barco
ubwato bunini

la autobomba
kizimyamwoto

el colectivo
ibisi

el camión
ikamyo

a lancha a motor
bwato bw' imoteri

la bicicleta
igare

el auto
umuduga

el ferry

ubwato bunini

el bote

ubwato

la moto

ipikipiki

el patrullero

umuduga w' igipolisi

el auto de carreras

umuduga wa kuruse

el auto de alquiler

umuduga bakodesha

el alquiler de autos

gukoresha imodoka imwe
muri benshi

la grúa

uruduga ruheka izindi

el camión de la basura

umuduga utwara umucafu

el motor

imoteri

la nafta

igitoro

la estación de servicio

ubunywero bw'ibitoro

la señal de tránsito

ibirango vyo ku mabarabara

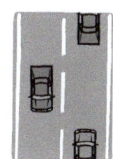

el tránsito

uruja n' uruza

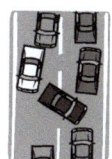

el embotellamiento

akajagari k' imiduga mw'
ibarabara

el estacionamiento

igituro c' imiduga

la estación de tren

igituro ca gari ya moshi

las vías

ibarabara rya gari ya moshi

el tren

gari ya moshi

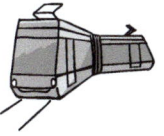

el tranvía

gari ya moshi bita tram

el vagón

igipande ca gari ya moshi

el helicóptero
kajugujugu

el aeropuerto
ikibuga c' indege

la torre
umunara

el pasajero
ingenzi

el contenedor
konteneri

la caja de cartón
ikarato

la carretilla
isharete

la canasta
icibo

despegar / aterrizar
kuguruka / kugwa

la ciudad

igisagara

el pueblo
umutumba

el centro de la ciudad
hagati mu gisagara

la casa
inzu

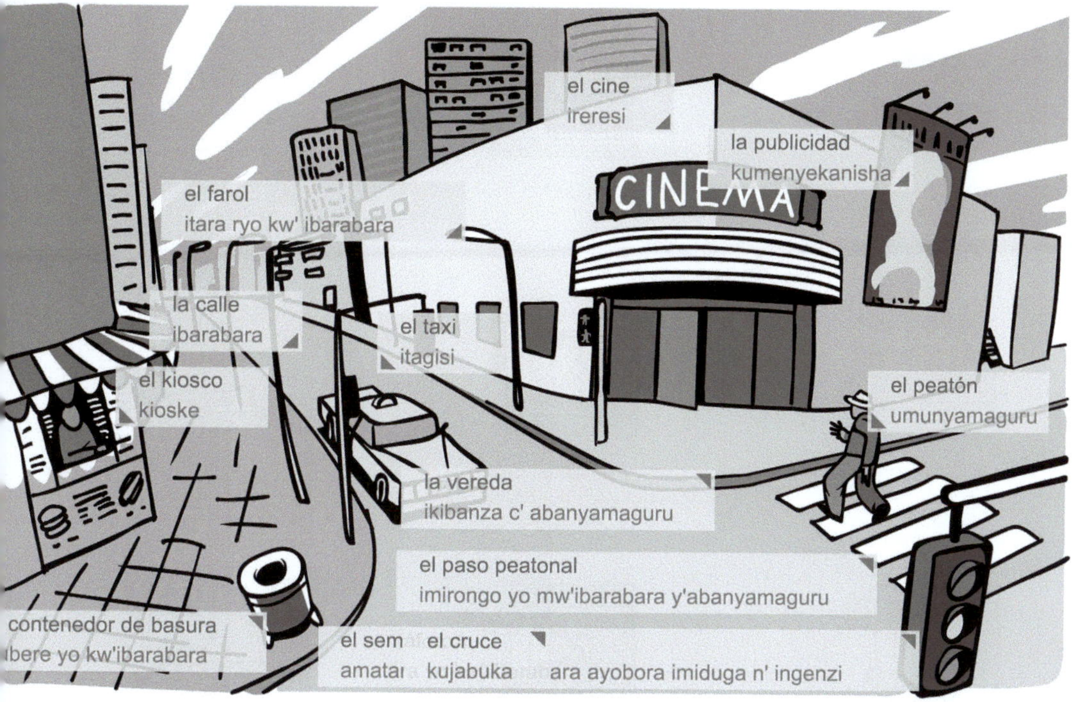

el cine
ireresi

la publicidad
kumenyekanisha

el farol
itara ryo kw' ibarabara

CINEMA

la calle
ibarabara

el taxi
itagisi

el kiosco
kioske

el peatón
umunyamaguru

la vereda
ikibanza c' abanyamaguru

el paso peatonal
imirongo yo mw'ibarabara y'abanyamaguru

contenedor de basura
ibere yo kw'ibarabara

el sem   el cruce
amatar   kujabuka   ara ayobora imiduga n' ingenzi

la cabaña

akazu k' ikirundi

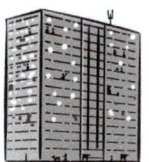

el departamento

aparitema

la estación de tren

igituro ca gari ya moshi

la municipalidad

meri

el museo

iratiro ry' ivyakera

el colegio

ikigo c' amashure

la ciudad - igisagara

la universidad

kaminuza

el banco

ibanki

el hospital

ibitaro

el hotel

ihoteli

la farmacia

farumasi

la oficina

ibiro

la librería

aho badandaza ibitabo

el negocio

akaduka

la florería

umudandaza w'amashugwe

el supermercado

supermarshe

el mercado

isoko

las grandes tiendas

iduka

la pescadería

umudandaza w' amafi

el centro comercial

ihuriro ry'amaduka

el puerto

ikivuko

el parque

ikibanza batemberamwo

el banco

intebe ndende

el puente

ikiraro

las escaleras

ingazi

el subte

gari ya moshi bita métro

el túnel

ibarara ry' indani y' isi

la parada del colectivo

igituro c' amabisi

el bar

ubunywero

el restaurante

resitora

el buzón

ahaja amakete

el letrero

ikirango co kw' ibarabara

el parquímetro

isaha yo ku gituro c' imiduga

el zoológico

iratiro ry' ibikoko

la pileta

pisine

la mezquita

umusigiti

la granja

ubwororero

la contaminación

konona ibidukikije

el cementerio

akaburi

la iglesia

kw'isengero

los juegos infantiles

ikibuga

el templo

inyubako za kera bita temple

el paisaje

imisozi

la hoja
ikibabi

el poste indicador
ivyapa

el camino
inzira

la pradera
ubwatsi bita gazon

la piedra
ibuye

el árbol
igiti

el excursionista
umuntu atembera kure n' amaguru

el río
uruzi

la hierba
ubwatsi

la flor
ishugwe

el valle

ikiyaya

la montaña

umusozi

el lago

ikiyaga

el bosque

ishamba

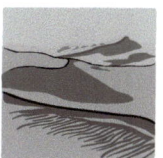

el desierto

ubugaragwa

el volcán

ikirunga

el castillo

ishato

el arco iris

umunywamazi

el champiñón

ikizinu

la palmera

ikigazi

el mosquito

umubu

la mosca

isazi

la hormiga

urutozi

la abeja

uruyuki

la araña

igitangurigwa

el escarabajo

agakoko gato bita
coléoptère

la rana

igikere

la ardilla

agakoko bita écureuil

el erizo

ikinyogote

la liebre

urukwavu

la lechuza

igihuna

el pájaro

inyoni

el cisne

imbata

el jabalí

ingurube y' ishamba

el ciervo

idubu

el alce

igikoko bita élan

la presa

urugomero

el aerogenerador

icuma gitanga
umuyagankuba

el panel solar

ikimuri c' imishwarara

el clima

igihe

el restaurante
resitora

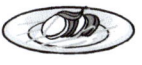

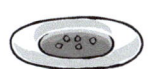

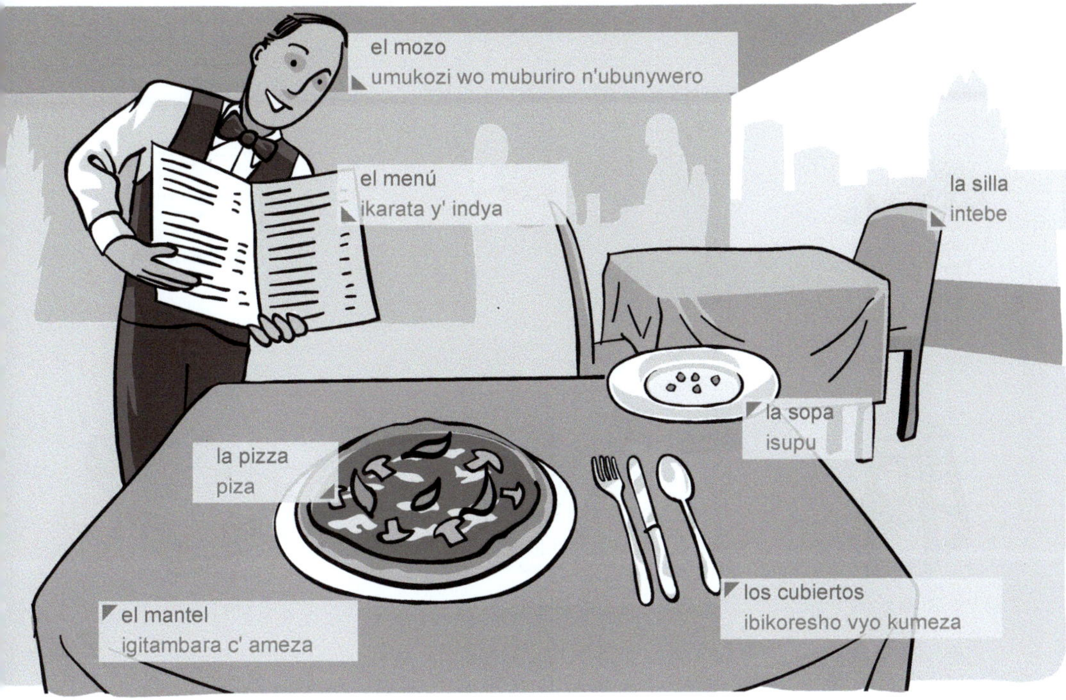
el mozo
umukozi wo muburiro n'ubunywero
el menú
ikarata y' indya
la silla
intebe
la sopa
isupu
la pizza
piza
los cubiertos
ibikoresho vyo kumeza
el mantel
igitambara c' ameza

la entrada

indya y' ibanze

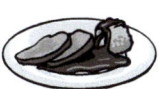

el plato principal

indya nkuru

el postre

deseri

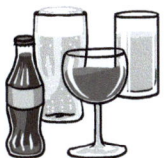

las bebidas

inyobwa

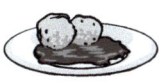

la comida

infungugwa

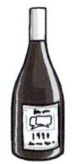

la botella

icupa

la comida rápida

infungugwa batekanye ingoga

la comida callejera

Infungugwa barya bagenda

la tetera

ibirika y' icayi

la azucarera

agakopo k' isukari

la porción

igipande c' indya

la cafetera expreso

imachini ikora espresso

la sillita alta

intebe ndende

la cuenta

inyemazabuguzi

la bandeja

ako batwarako infungugwa

el cuchillo

imbugita yo kumeza

el tenedor

ikanya

la cuchara

ikiyiko

la cucharita

akayiko k' icayi

la servilleta

seriviyeti

el vaso

ikirahuri

el plato

isahani

el plato hondo

isahani y' isupu

el plato

isutasi

la salsa

isosi

el salero

akanyanyagiza umunyu ku ndya

el molinillo de pimienta

agasya ipiripiri

el vinagre

vinaigre

el aceite

amavuta

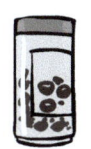

las especias

indyoshandya

el kétchup

kecapu

la mostaza

mutaride

la mayonesa

mayoneze

el supermercado

supermarshe

la oferta especial
ivyagabanyijwe igiciro
el cliente
umuguzi
los lácteos
ibiva ku mata
la fruta
icamwa
el changuito
agakinga ko mw' iduka
FOR

BUTCHERS

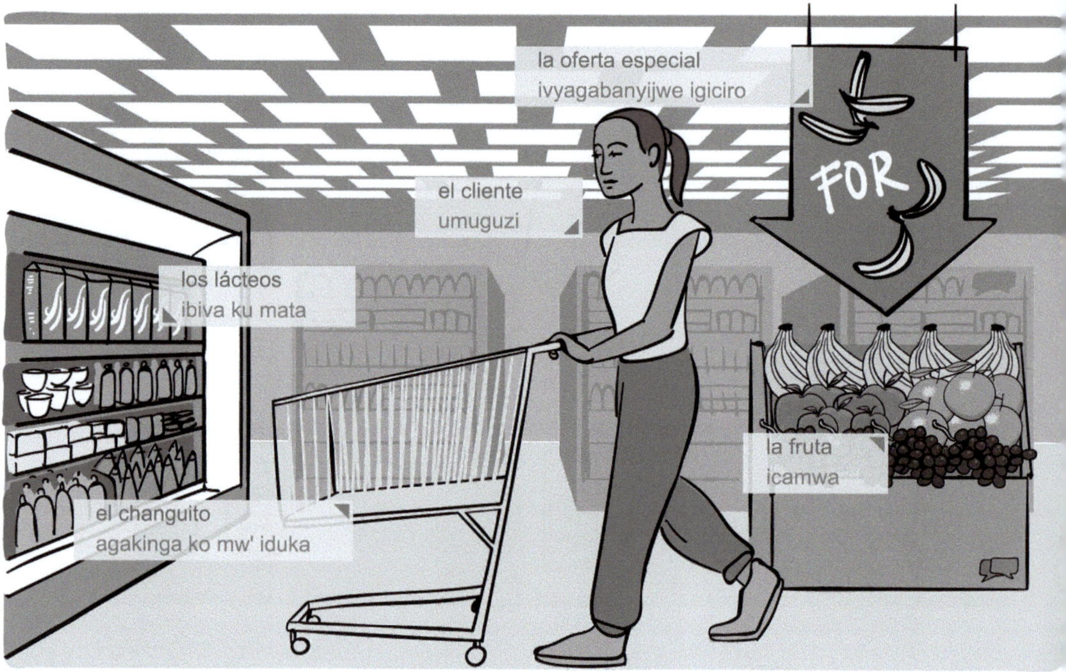

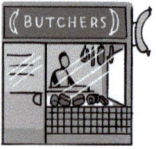

la carnicería

amacuniro

BAKERY

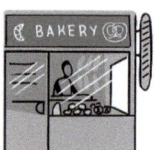

la panadería

iburangeri

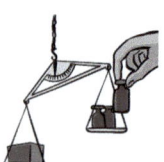

pesar

gupima

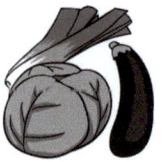

las verduras

imboga

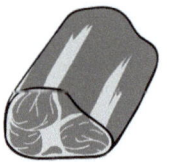

la carne

inyama

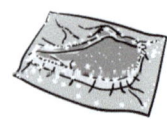

los alimentos congelados

Imfungurwa zikanye cane

los fiambres

infungugwa bita charcuterie
en tranches

los alimentos enlatados

amafunguro yo mu
mabwate

el detergente en polvo

isabune yo kumesura

las golosinas

ibisosa

los electrodomésticos

ibikoresho vyo muhira

los productos de limpieza

ibikoresho vy'isuku

la vendedora

umudandaza

la caja

kese

el cajero

umuntu yakira amahera

la lista de compras

urutonde rw' ibidandazwa

el horario de atención

amasaha yo kugurura

la billetera

ingodomoni

la tarjeta de crédito

ikarata y' amahera

la cartera

isakoshe

la bolsa de plástico

ishakoshe ya parastike

el supermercado - supermarshe

el agua

amazi

el jugo

umutobe

la leche

amata

la bebida cola

koka

el vino

umuvinyo

la cerveza

ikiyeri

el alcohol

inzoga

el cacao

kakao

el té

icayi

el café

ikawa

el café expreso

ikawa yitwa espresso

el cappuccino

ikawa yitwa kapucino

la banana

umuhwi

la manzana

ipome

la naranja

umucungwe

el melón

icamwa bita melon

el limón

indimu

la zanahoria

ikaroti

el ajo

igitungurusumu

el bambú

umugano

la cebolla

igitunguru

el champiñón

ikizinu

las nueces

ibiyoba

los fideos

amakaroni

los tallarines

spagetti

el arroz

umuceri

la ensalada

isarade

las papas fritas

ifiriti

las papas fritas

ifiriti

la pizza

piza

la hamburguesa

hamburugere

el sándwich

sandwich

el churrasco

infungugwa bita escalope

el jamón

jambo

el salame

salami

la salchicha

isosiso

el pollo

inyama y' inkoko

el asado

umusoso

el pescado

ifi

los copos de avena

infungugwa bita flocons d' avoine

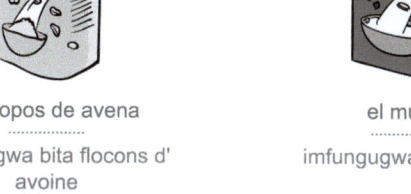

el muesli

imfungugwa bita müsli

los copos de maíz

infungugwa bita corn - flakes

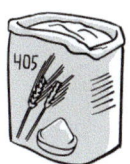

la harina

ifarini

la medialuna

umukate bita croissant

el pancito

umukate muto

el pan

umukate

la tostada

umukate bashusha

las galletitas

ibisuguti

la manteca

amavuta

la cuajada

iforomaji yera

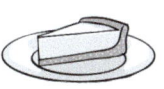

la torta

igato

el huevo

irigi

el huevo frito

amafunguro bita oeuf au plat

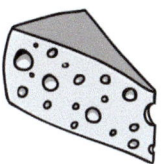

el queso

iformaji

el helado

infungugwa bita crème glacée

el azúcar

isukari

la miel

ubuki

la mermelada

ikonfitire

la pasta de chocolate

imfungugwa bita praliné

el curry

infungugwa bita curry

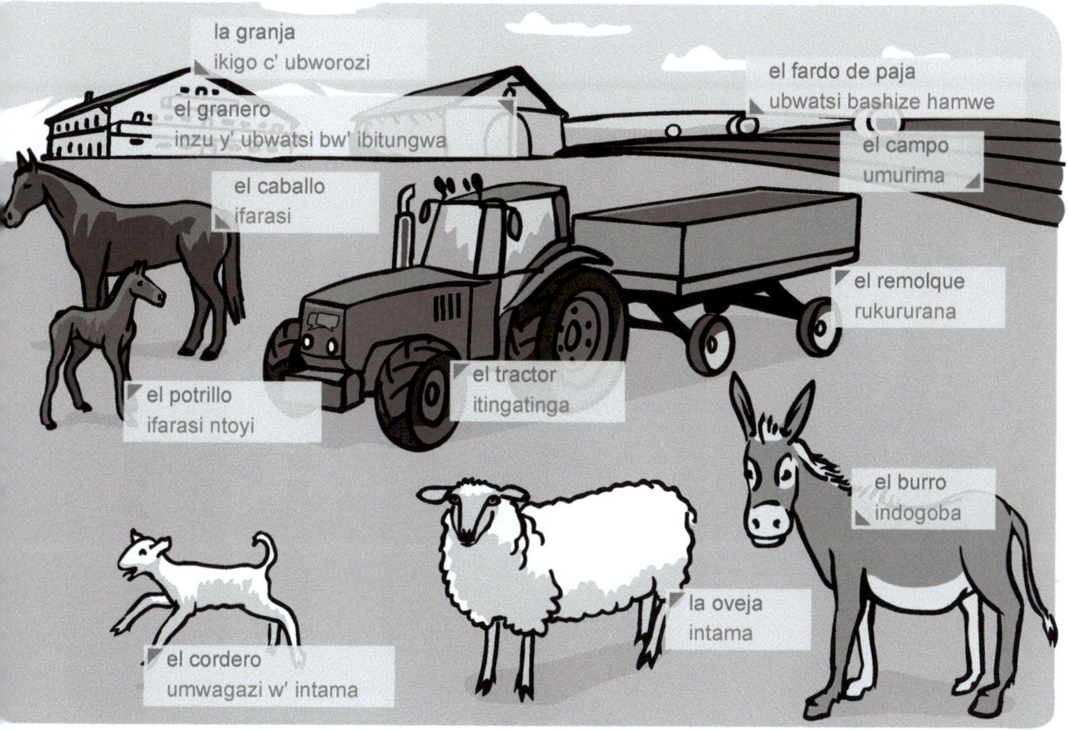

la granja
ikigo c' ubworozi

el granero
inzu y' ubwatsi bw' ibitungwa

el caballo
ifarasi

el fardo de paja
ubwatsi bashize hamwe

el campo
umurima

el remolque
rukururana

el potrillo
ifarasi ntoyi

el tractor
itingatinga

el burro
indogoba

la oveja
intama

el cordero
umwagazi w' intama

la cabra
impene

la vaca
inka

el ternero
inyana

el cerdo
ingurube

el lechón
ikibuguru

el toro
impfizi

el ganso
inyoni yitwa oie

el pato
imbata

el pollo
umuswi

la gallina
inkokokazi

el gallo
isake

la rata
imbeba nini

el gato
akayabu

el ratón
imbeba

el buey
ishuri

el perro
imbwa

la cucha
umusaka w'imbwa

la manguera
umuringoti wo kuvomerera
umurima

la regadera
ico bakoresha basukira
amashurwe

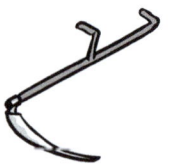

la guadaña
urukero

el arado
majagu

la hoz
....
umuhoro

la azada
....
isuka

la horquilla
....
ikinyanyagiza ibitabizo irya n'ino

el hacha
....
ishoka

la carretilla
....
inkorofani

el abrevadero
....
ubwato

la lechera
....
icansi

la bolsa
....
umufuko

la reja
....
urugo

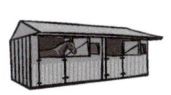

el establo
....
indaro y' ibitungwa

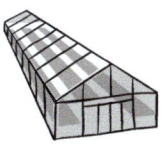

el invernadero
....
utuzu bashusha kugirango ibimera birimwo bikure

el suelo
....
isi

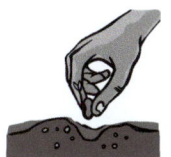

la semilla
....
imbuto

el fertilizador
....
ifumbire

la cosechadora
....
imashini yimbura

cosechar

kwimbura

la cosecha

umwimbu

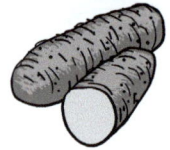

las batatas

infungugwa bita igname

el trigo

ingano

la soja

isoya

la papa

ikiraya

el maíz

ikigori

la semilla de colza

ubwoko bw' ingano bita
colza

el árbol frutal

igiti c' ivyamwa

la mandioca

imyumbati

los cereales

ibinyantete

la casa
inzu

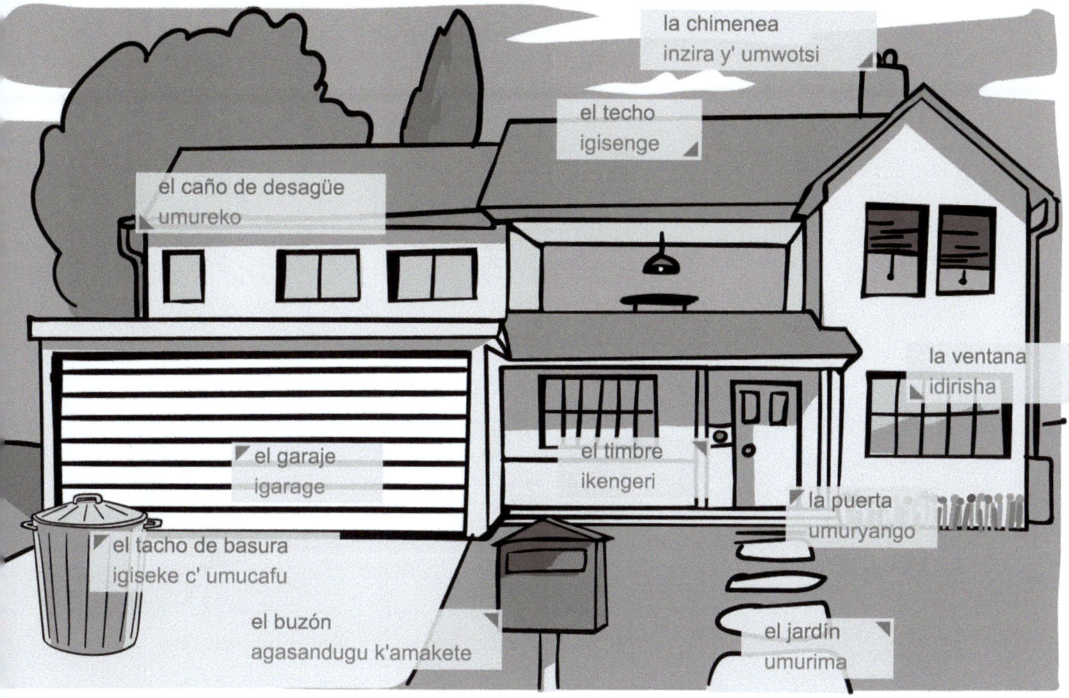
la chimenea
inzira y' umwotsi
el techo
igisenge
el caño de desagüe
umureko
la ventana
idirisha
el garaje
igarage
el timbre
ikengeri
la puerta
umuryango
el tacho de basura
igiseke c' umucafu
el buzón
agasandugu k'amakete
el jardín
umurima

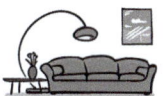

el living
isaro

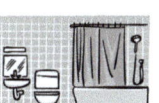

el baño
ubwogero

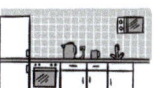

la cocina
igikoni

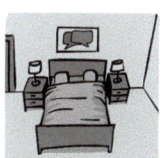

el dormitorio
icumba co kuraramo

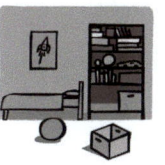

el cuarto de los chicos
icumba c' umwana

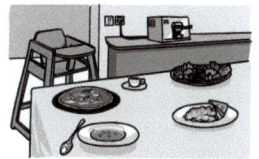

el comedor
uburiro

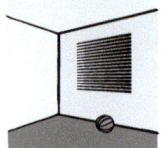

el piso

hasi

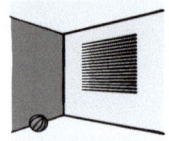

la pared

uruhome

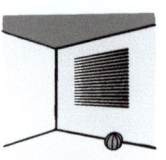

el cielorraso

igisenge c' inzu

el sótano

kave

el sauna

sauna

el balcón

ibaraza

la terraza

ibaraza

la pileta

aho bogera

la cortadora de pasto

itondezi

la sábana

igikaratasi

el acolchado

uburengeti

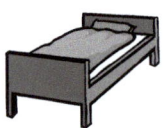

la cama

uburiri

la escoba

umweyerezo

el balde

indobo

el interruptor

akabuto

el living
isaro

el empapelado
igisharizo
la imagen
isanamu
la lámpara
itara
el estante
akabati
el armario
akabati
la televisión
imboneshakure
la chimenea
igicaniro
la flor
ishugwe
el almohadón
umusagamiro
el sofá
ifoteyi
el florero
ivaze
el control remoto
terekomande

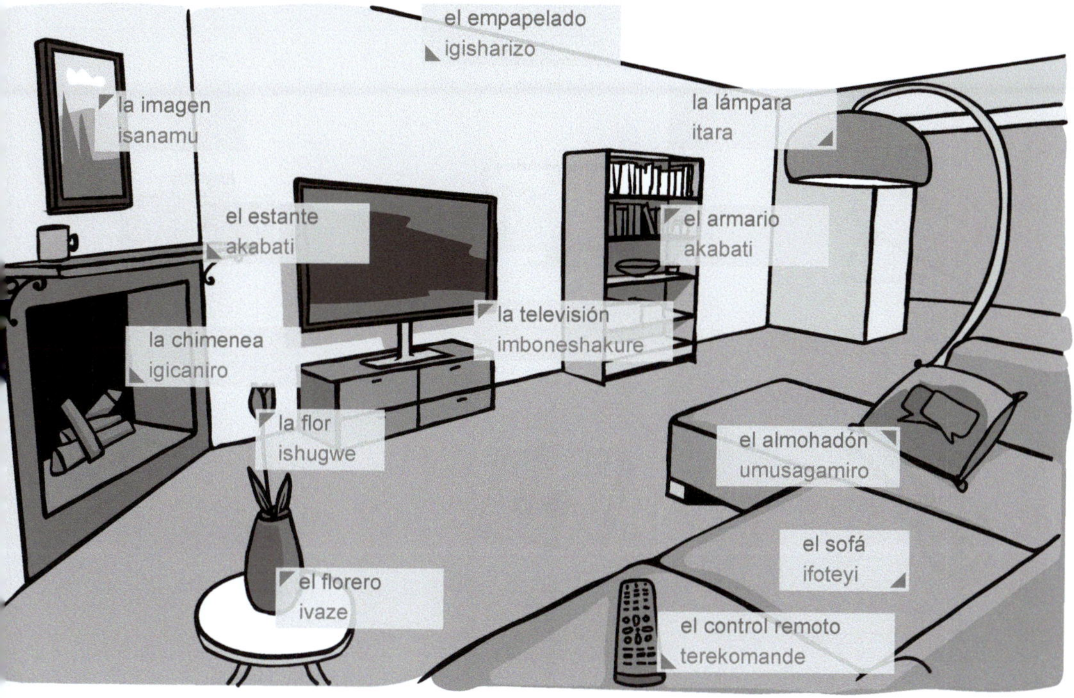

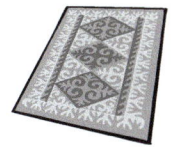

la alfombra

itapi

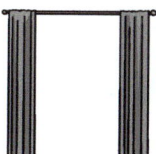

la cortina

irido

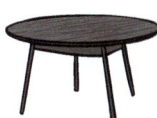

la mesa

ameza

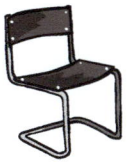

la silla

intebe

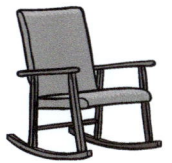

la mecedora

intebe icundera

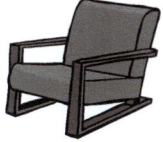

el sillón

ifoteyi

el libro

igitabo

la frazada

ikirengeti

la decoración

ibitako

la leña

inkwi

la película

ireresi

el equipo de música

ivyuma vy' umuziki

la llave

urufunguruzo

el diario

ikinyamakuru

la pintura

gusiga amarangi

el póster

isanamu nini

la radio

insamirizi

el cuaderno

ikaye ndangaminsi

la aspiradora

asipirateri

el cactus

icimera bita cactus

la vela

ibuji

la cocina
igikoni

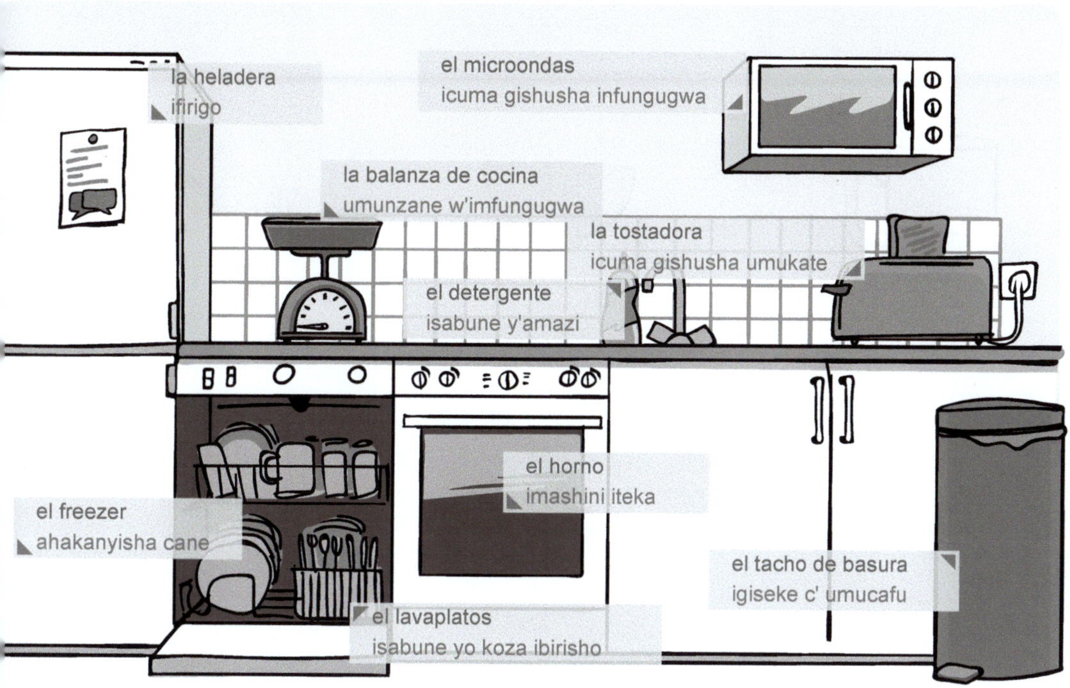

la heladera
ifirigo
el microondas
icuma gishusha infungugwa
la balanza de cocina
umunzane w'imfungugwa
la tostadora
icuma gishusha umukate
el detergente
isabune y'amazi
el horno
imashini iteka
el freezer
ahakanyisha cane
el tacho de basura
igiseke c' umucafu
el lavaplatos
isabune yo koza ibirisho

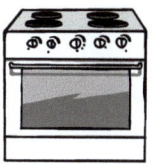

la cocina
....
ishiga

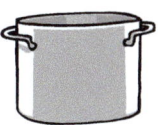

la olla
....
isafuriya

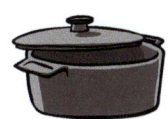

la olla de hierro fundido
....
isafuriya y' icuma

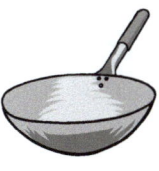

el wok
....
ipanu bita wok

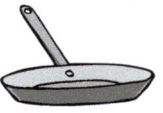

la sartén
....
ipanu

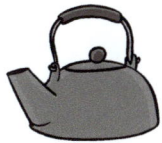

la pava
....
akuma gashusha amazi

la vaporera

isafuriya itekesha umuhisha

la bandeja de horno

ico bakorerako imikate

la vajilla

ibirisho

la taza

igikombe

el bol

ibakure

los palitos

uduti two kurisha

el cucharón

icaruzo c' isupu

la espátula

ikimamiro

la batidora

agakubitisho

el colador

imashini isya ibifungurwa

el colador

akayunguruzo

el rallador

agakatakata imfungugwa

el mortero

agasekuro

la parrilla

icokerezo

la fogata

urucaniro

la tabla de picar

urubaho rwo gukatirako

el palo de amasar

akabaho bakoresha spageti

el sacacorchos

urupfunguzo rw'umuvinyu

la lata

agasandugu

el abrelatas

urupfunguzo
rw'agasandugu

la manopla

ivyo gufatisha isafuriya
ishushe

la pileta

icogerezo

el cepillo

uburoso

la esponja

ivyogesho

la batidora

imigiseri

el congelador

frigo nini ikanyisha cane

la mamadera

bibero

la canilla

ivomo

el baño

ubwogero

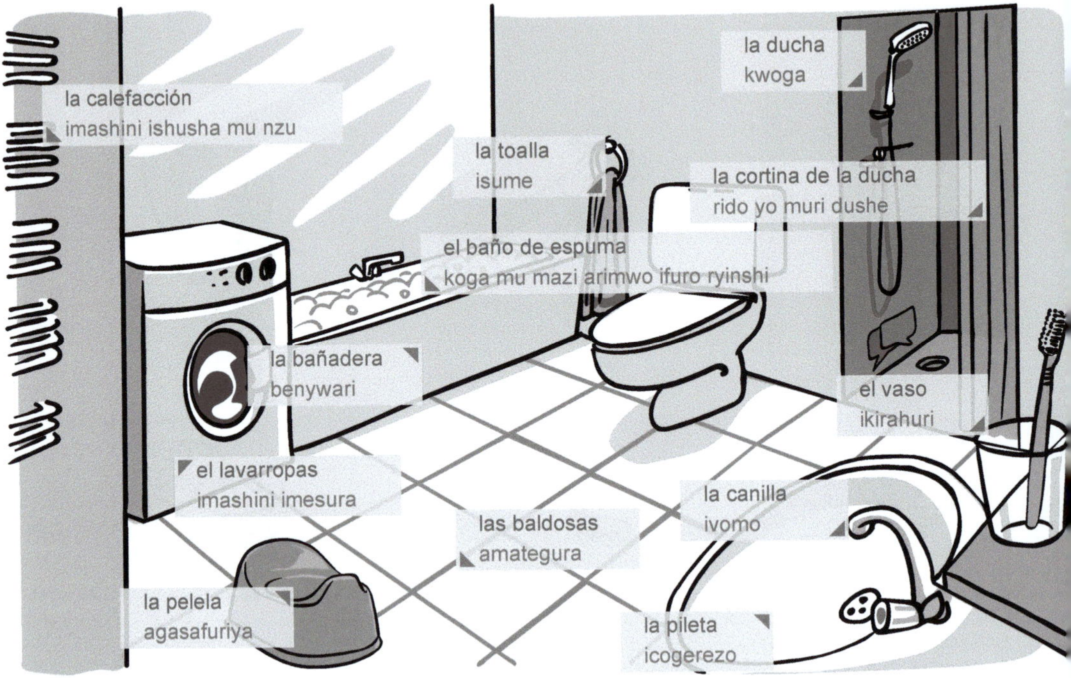

la ducha
kwoga
la calefacción
imashini ishusha mu nzu
la toalla
isume
la cortina de la ducha
rido yo muri dushe
el baño de espuma
koga mu mazi arimwo ifuro ryinshi
la bañadera
benywari
el vaso
ikirahuri
el lavarropas
imashini imesura
la canilla
ivomo
las baldosas
amategura
la pelela
agasafuriya
la pileta
icogerezo

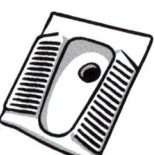

el inodoro

Akazu ka surwumwe

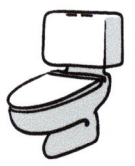

la letrina

akazu ka surwumwe k'ikirundi

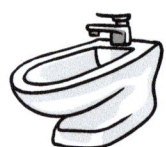

el bidé

akantu gatoya bogeraho

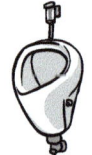

el mingitorio

aho basoba

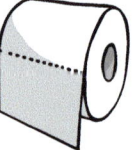

el papel higiénico

ibikaratase vyo kwi sukuza mu nzu ya surwumwe

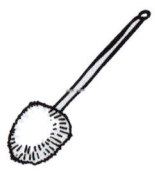

el cepillo para el inodoro

uburoso bwoza akazu ka surwumwe

el cepillo de dientes

umujigiti

el dentífrico

umuti wo koza amenyo

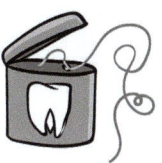

el hilo dental

utugozi two gusukura
amenyo

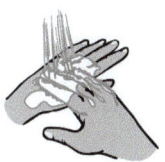

lavar

koza

la ducha de mano

ikinyuko

la ducha higiénica

ubwoko bwa dushe

la palangana

ico bakarabiramo intoki

el cepillo para la espalda

uburoso busukura mu
mugongo

el jabón

isabune

el gel de ducha

isabuni yo kwoga

el shampoo

shampo

la toallita

agatambara ko kwisukura

el desagüe

umuringoti

la crema

amavuta yo kwisiga

el desodorante

iparufe yo mu kwaha

el espejo

icirore

el espejito

icirore

la maquinita de afeitar

imashini imwa ubwanwa

la espuma de afeitar

ifuro ryo kumwa ubwanwa

el aftershave

umuti basiga aho bamoye

el peine

igisokozo

el cepillo

uburoso

el secador de pelo

akuma kumutsa umushatsi

el spray

amavuta bapuriza mu mushatsi

el maquillaje

ibikoresho vyo kwipodora

el lápiz de labios

amavuta afise ibara yo k'umunywa

el esmalte para uñas

verni y'inzara

el algodón

ipampa

la tijera para uñas

umukasi uca inzara

el perfume

iparufe

el baño - ubwogero

el portacosméticos

agasaho k' ivyo kwisukura
ku rugendo

la banqueta

agatebe

la balanza

umunzane

la bata

penywari

los guantes de goma

udufuko tw' intoke iyo
bakora isuku

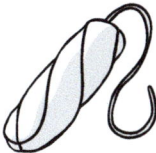

el tampón

kotegisi

la toallita femenina

kotegisi

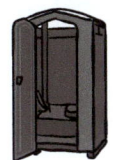

el baño químico

ubwoko bw'akazu ka
surwumwe

el cuarto de los chicos
icumba c' umwana

el despertador
isaha ivyura
el peluche
agakoko k' agapupe
el coche de juguete
ikijuwe c' umuduga
el sonajero
ikijuwe c' ibibondo bita hochet
la casa de muñecas
inzu badandaza amapupe
el regalo
akaganuke

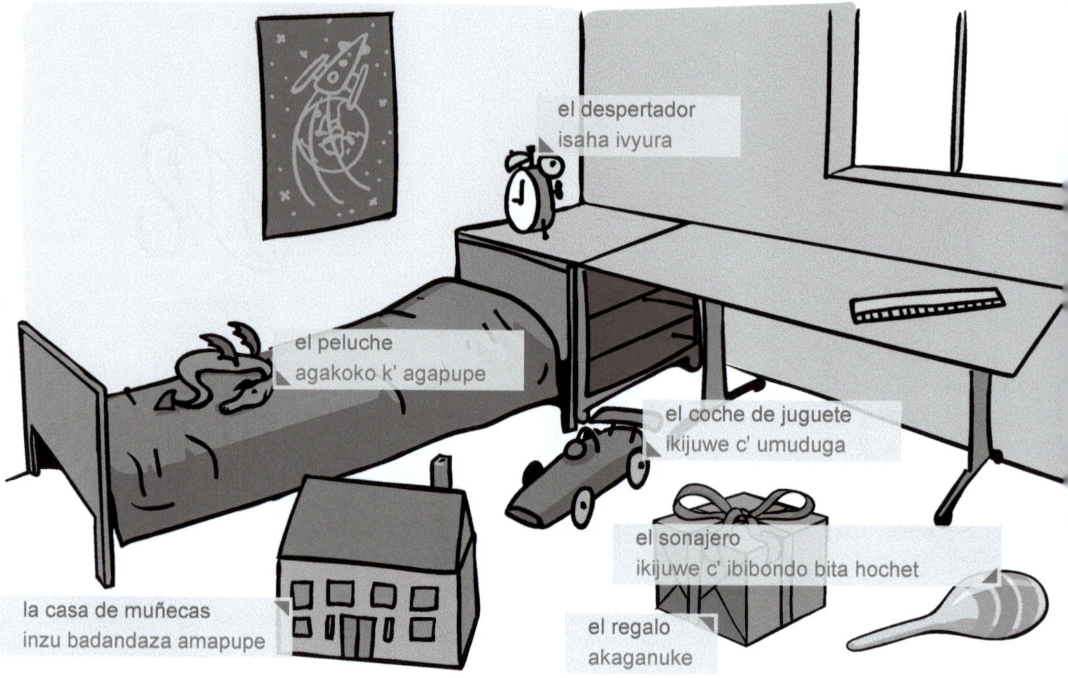

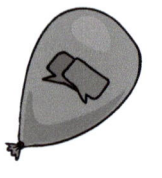

el globo

igipurizo

la cama

uburiri

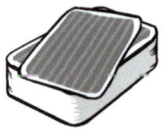

el cochecito

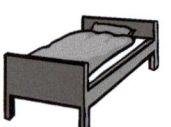

las cartas

urukino rw' ikarata

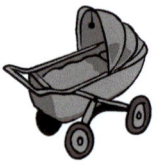

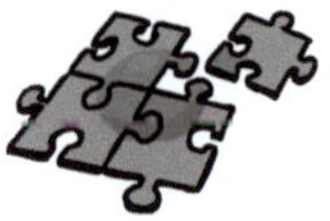

el rompecabezas

urukino bita puzile

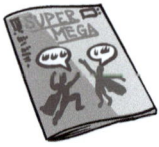

la historieta

ibitabo vy' amashusho

las piezas de lego

urukino bita lego

los ladrillos de juguete

ibijuwe vyo kubaka

la figura de acción

ipupe

el enterito (de bebé)

impuzu yo kurarana y abana

el frisbee

urukino bita frisbi

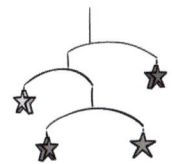

el móvil para bebés

udukinisho two ku buriri bw' ibibondo

el juego de mesa

urukino rwo kumeza

los dados

agakinisho bita de

el tren eléctrico

gari ya moshi z' ibikinisho

el chupete

madanganya

la fiesta

umunsi mukuru

el libro de cuentos ilustrado

igitabo c' ibicapo

la pelota

umupira

la muñeca

igipupe

jugar

gukina

el arenero

umusenyi abana
bakiniramwo

la hamaca

uruvuma

los juguetes

ikijuwe

la consola de videojuegos

urukino nyabwonko

el triciclo

ikinga ry'amapine atatu

el osito de peluche

igikoko bita ours c 'ikijuwe

el armario

akabati k' impuzu

la ropa

impuzu

las medias

amashesheti

las medias panty

amashesheti maremare

las calzas

ubwoko bw'impuzu zifata
kandi zigaruka cane

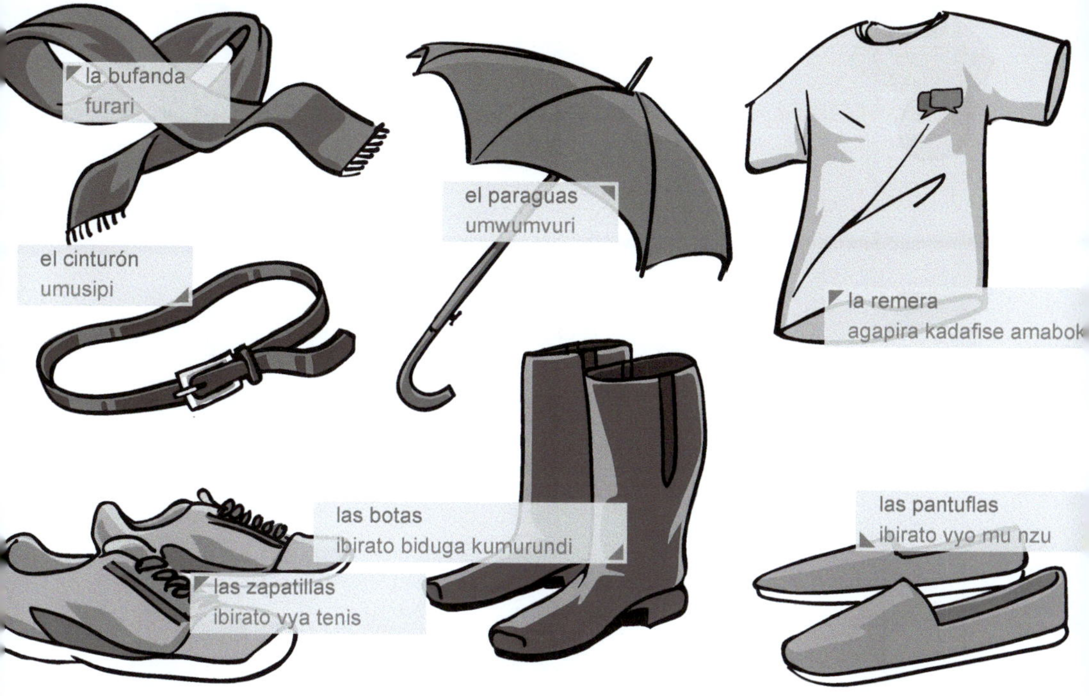

la bufanda
furari

el paraguas
umwumvuri

el cinturón
umusipi

la remera
agapira kadafise amabok

las botas
ibirato biduga kumurundi

las pantuflas
ibirato vyo mu nzu

las zapatillas
ibirato vya tenis

las sandalias
....
isandari

los zapatos
....
ibirato

las botas de goma
....
ingamiya

la ropa interior
....
imwesho

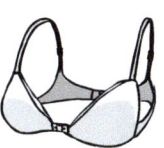

el corpiño
....
isutiye

el chaleco
....
isengeri

el body

impuzu z' imbere

los pantalones

ipantaro

los jeans

ijinisi

la pollera

ijipo

la blusa

agashati koroshe kabagore

la camisa

ishati

el pulóver

umupira w' imbeho

el buzo

umupira w'imbeho ufise
inkofero

el blazer

blazeri

la campera

ikoti

el tapado

ikoti rirerire

el piloto

ikoti y'imvura

el traje

kositime

el vestido

ikanzu

el vestido de novia

ikazu y'umugeni

el traje

kositime

el camisón

ikanzu yo kurarana

el pijama

impuzu z' ijoro

el sari

imvutano z'abahindi

el pañuelo para la cabeza

igitambara co mu mutwe

el turbante

igitambara co mu mutwe
bita turban

la burka

impuzu z' abasiramukazi

el caftán

ikanzu bita kaftan

la abaya

impuzu y' abasiramu

el traje de baño

impuzu yo kogana

el short de baño

impuzu yo kwogana
y'abagabo

los shorts

imwesho

el jogging

itereningi

el delantal

itaburiya

los guantes

udufuko tw' intoke

el botón

igifungo

los anteojos

amarori

la pulsera

igikomo

el collar

akadede

el anillo

impeta

el aro

ihereni

la gorra

inkofero

la percha

porutemanto

el sombrero

inkofero

la corbata

karavate

el cierre

imashini

el casco

inkofero yo kwikingira

los tiradores

imisipi

el uniforme escolar

impuzu y' ishure

el uniforme

umwambaro rusangi
w'ahantu

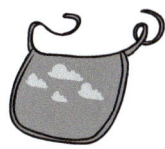

el babero

utwo bambika ibibondo iyo birya

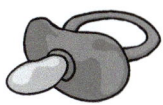

el chupete

madanganya

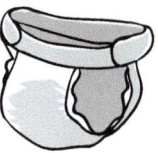

el pañal

iranje

la oficina

ibiro

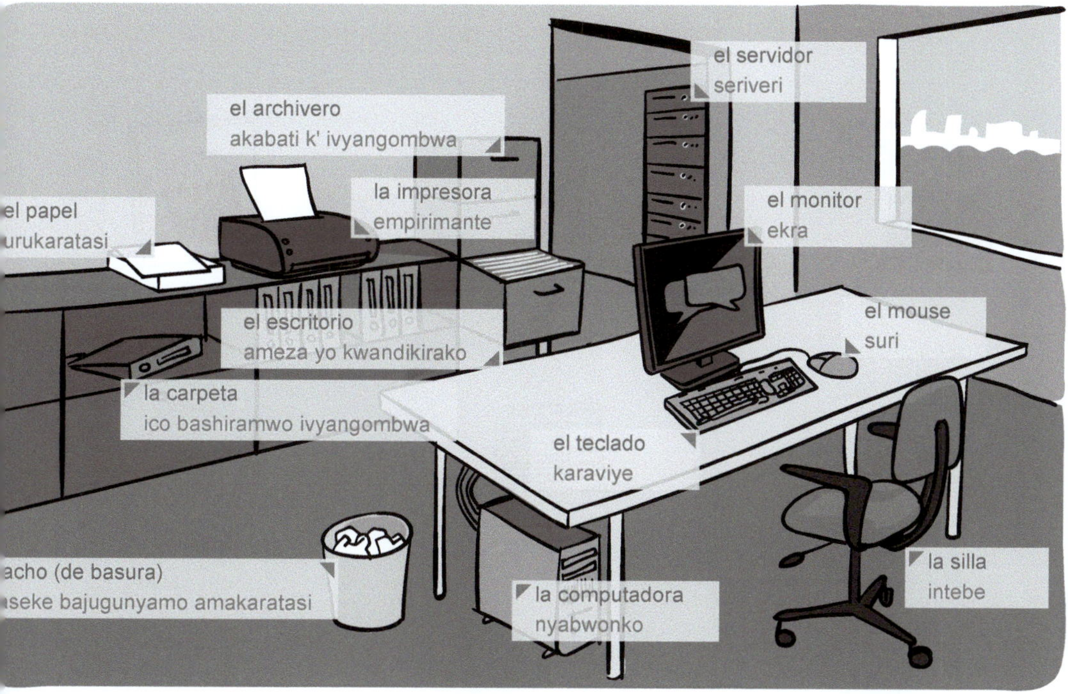

el servidor
seriveri
el archivero
akabati k' ivyangombwa
la impresora
empirimante
el papel
urukaratasi
el monitor
ekra
el mouse
suri
el escritorio
ameza yo kwandikirako
la carpeta
ico bashiramwo ivyangombwa
el teclado
karaviye
acho (de basura)
seke bajugunyamo amakaratasi
la silla
intebe
la computadora
nyabwonko

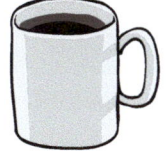

la taza de café

igikombe c' ikawa

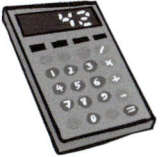

la calculadora

imashini iharura

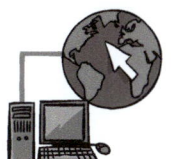

el internet

ubuhinga ngurukanabumenyi

la laptop

inyabwonko ngendanwa

la carta

ikete

el mensaje

ubutumwa

el celular

telefoni ngendanwa

la red

rezo

la fotocopiadora

fotokopiyeze

el software

rojisiyeri

el teléfono

telefoni

el tomacorriente

purize

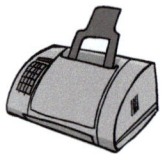

el fax

fagisi

el formulario

urukaratasi rwo kuzuza

el documento

icangombwa

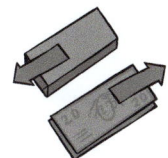

comprar

kugura

pagar

kuriha

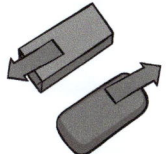

hacer negocios

kudandaza

el dinero

amahera

el dólar

idorari

el euro

iyero

el yen

iyene

el rublo

amahera y' abarusiya

el franco suizo

amahera y' abasuwisi

el yuan

amahera bita renmimbi yuan

la rupia

amahera bita rupi

el cajero automático

icuma gitanga amahera

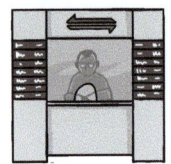

la casa de cambio

ku bavunjayi

el oro

inzahabu

la plata

umujumbu

el petróleo

ipeteroli

la energía

inguvu

el precio

ikiguzi

el contrato

amasezerano

el impuesto

amakori

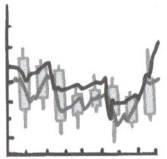

la acción

igice

trabajar

gukora

el empleado

umukozi

el empleador

umukoresha

la fábrica

ihinguriro

el negocio

akaduka

las ocupaciones

imirimo

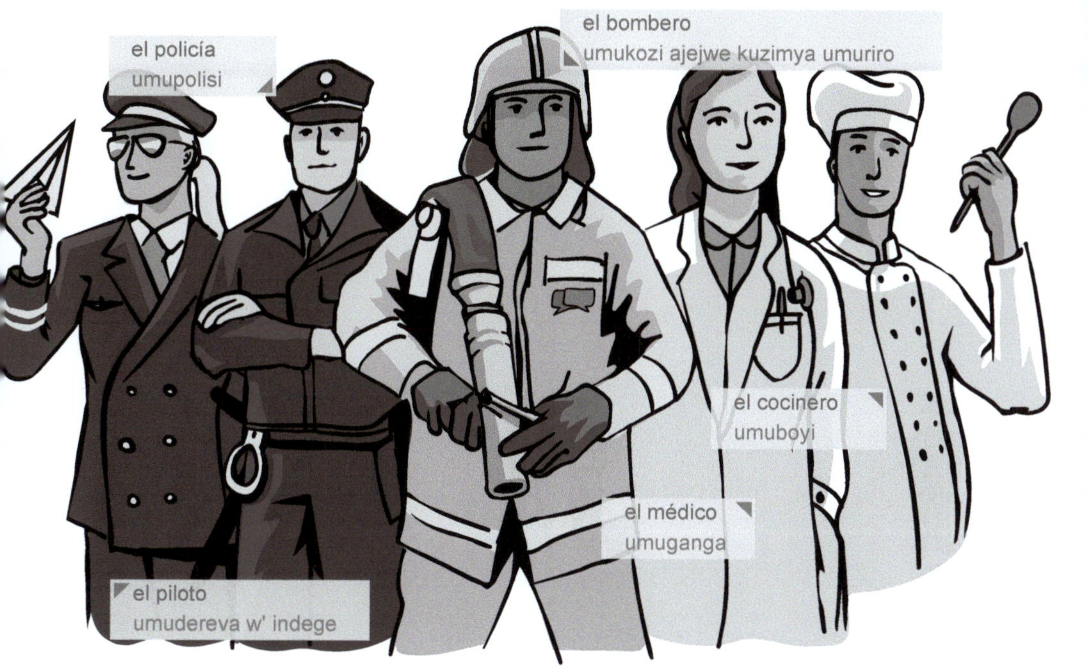
el bombero
umukozi ajejwe kuzimya umuriro
el policía
umupolisi
el cocinero
umuboyi
el médico
umuganga
el piloto
umudereva w' indege

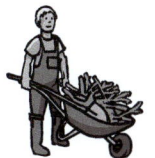

el jardinero

umukozi akora murikarima

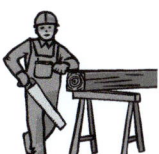

el carpintero

umubaji

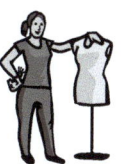

la modista

umushonyi

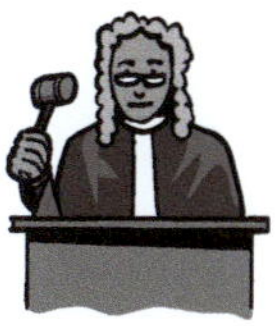

el juez

umucamanza

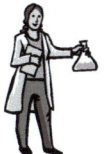

el farmacéutico

umuhinga mu vya chimie

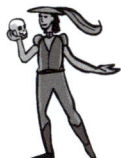

el actor

umukinyi w'amareresi

el colectivero

umudereva w' ibisi

el taxista

umudereva w' itagisi

el pescador

umurovyi

la mucama

umuzezwanzukazi

el techista

sharupantiye

el mozo

umukozi wo muburiro
n'ubunywero

el cazador

umuhigi

el pintor

umufundi w' amarangi

el panadero

umuntu akora imikate

el electricista

umufundi w' amatara

el albañil

umwubatsi

el ingeniero

enjeniyeri

el carnicero

umuyangayanga

el plomero

umufundi w' amazi

el cartero

umuparanto

el soldado

umusoda

el arquitecto

umuntu acapa inyubako

el cajero

umuntu yakira amahera

el florista

umukozi ajejwe amashugwe

el peluquero

kimyozi

el cobrador

kontororeri

el mecánico

umufundi w' imiduga

el capitán

umudereva w' ubwato

el dentista

umuganga w' amenyo

el científico

umuhinga mu vya siyansi

el rabino

umuhinga mu bayahudi bita
rabi

el imán

imame

el monje

umuvugiramana

el sacerdote

umuvugiramana

las herramientas
ibikoresho vy' ubwubatsi

la tenaza
ipensi
el martillo
inyundo
el destornillador
turunevisi
la linterna
isitimu
la llave
urufunguruzo

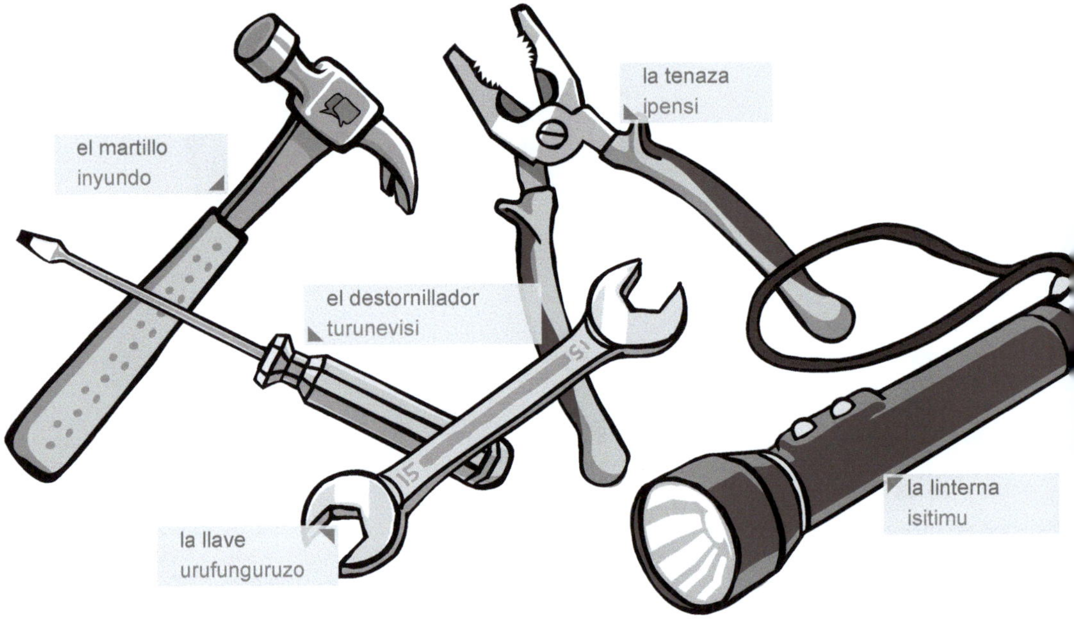

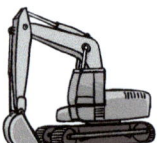

la excavadora

tingatinga

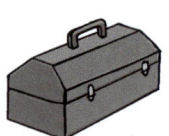

la caja de herramientas

isaho y' ibikoresho

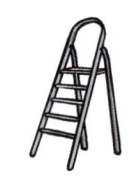

la escalera portátil

ingazi

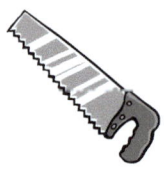

la sierra

umusumeno

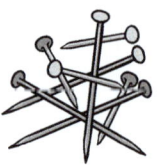

los clavos

imisumari

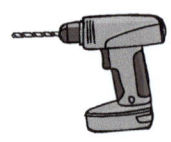

el taladro

icuma bita foreuse

arreglar

gukora

la pala de jardín

igipawa

¡Qué bronca!

asyi!

la pala de plástico

agaterura umucafu

el tacho de pintura

indobo y' irangi

los tornillos

ivis

los instrumentos musicales
ivyuma vyo gucuraranga

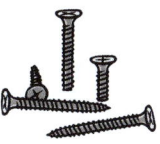

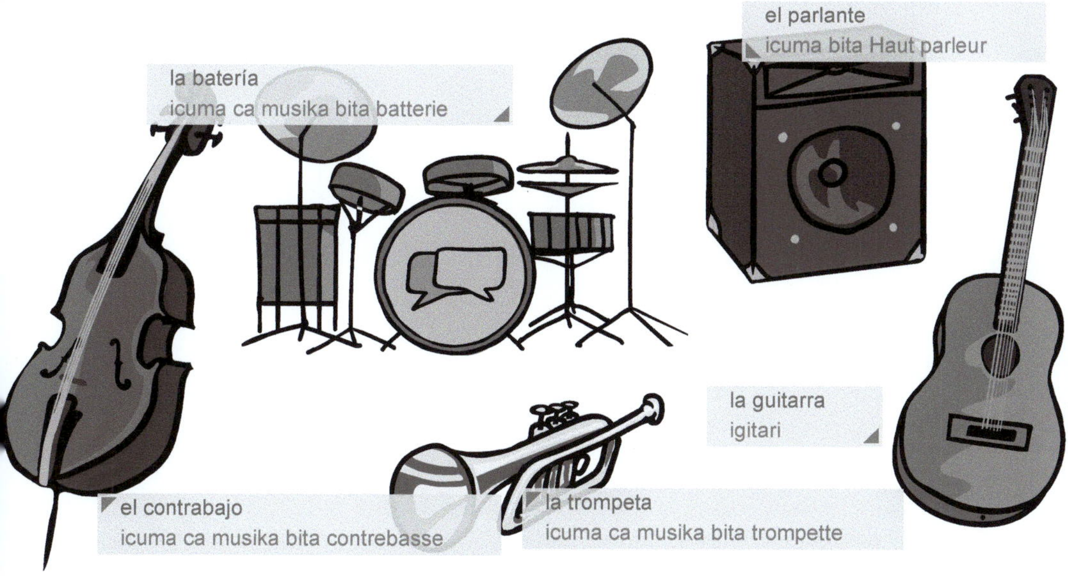

el parlante
icuma bita Haut parleur

la batería
icuma ca musika bita batterie

la guitarra
igitari

el contrabajo
icuma ca musika bita contrebasse

la trompeta
icuma ca musika bita trompette

el piano

icuma ca musika bita piano

el violín

icuma ca musika bita violon

el bajo

gitare icuranga Bass

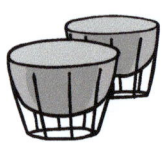

los timbales

icuma ca musika bita timbale

el tambor

ingoma

el teclado

icuma ca musika bita piano electrique

el saxofón

icuma ca musika bita saxophone

la flauta

umwirongi

el micrófono

mikoro

el zoológico

iratiro ry' ibikoko

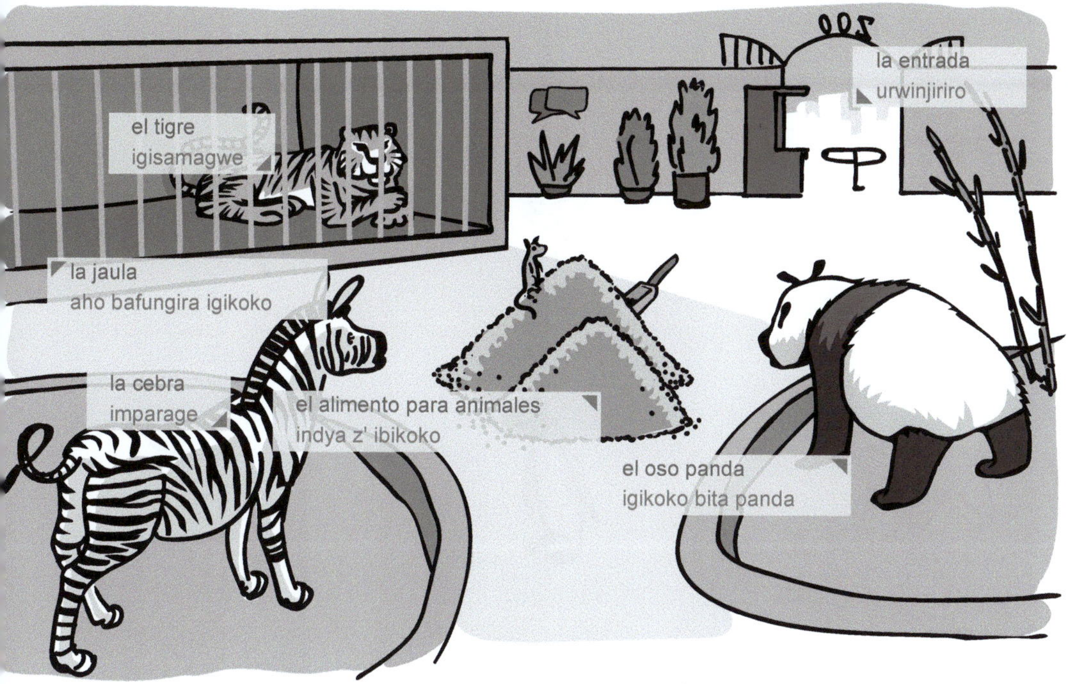

la entrada
urwinjiriro
el tigre
igisamagwe
la jaula
aho bafungira igikoko
la cebra
imparage
el alimento para animales
indya z' ibikoko
el oso panda
igikoko bita panda

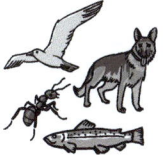

los animales

ibikoko

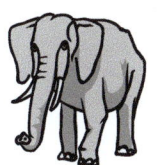

el elefante

inzovu

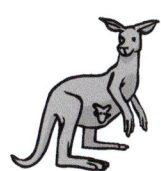

el canguro

Kanguru

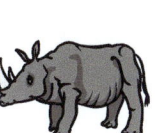

el rinoceronte

igikoko bita Rhynoceros

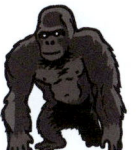

el gorila

inguge

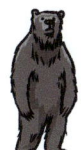

el oso

igikoko bita ours

el camello

ingamiya

el avestruz

inyoni bita autriche

el león

intare

el mono

inkende

el flamenco

inyoni bita flamant rose

el loro

gasuku

el oso polar

igikoko bita ours blanc

el pingüino

inyoni bita pinguin

el tiburón

ifi bita requin

el pavo real

inyoni bita paon

la serpiente

inzoka

el cocodrilo

ingona

el cuidador del zoológico

umurinzi w' iratiro ry' ibikoko

la foca

igikoko bita phoque

el jaguar

igikoko bita jaguar

el poni

ubwoko bw' ifarasi bita pony

el leopardo

ingwe

el hipopótamo

imvubu

la jirafa

umusumbarembo

el águila

agaca

el jabalí

ingurube y' ishamba

el pescado

ifi

la tortuga

akanyamasyo

la morsa

igikoko bita morse

el zorro

imbwebwe

la gacela

ingeregere

el fútbol americano
urukino rwa football yo muri amerika

el ciclismo
ugusiganwa ku makinga

el tenis
urukino rwa tennis

el básquet
urukino rwa basketball

la natación
koga

el boxeo
urukino rw' ingumu

el hockey sobre hielo
urukino rwa ice-hockey

el fútbol
umupira w'amaguru

el bádminton
urukino rwa badminton

el atletismo
ubunonotsi

el handball
urukino rwa handball

el esquí
urukino rwa ski

el polo
urukino rwa Polo

reír
gutwenga

saltar
gusimba

abrazar
kugumbirana

caminar
kugenda

cantar
kuririmba

soñar
kurota

rezar
gusenga

besar
gusoma

escribir
....
kwandika

dibujar
....
gucapa

mostrar
....
kwereka

presionar
....
gusuguma

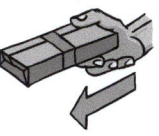

dar
....
gutanga

tomar
....
gutora

tener

kugira

hacer

kugira

ser

kuba

estar parado

guhagarara

correr

kwiruka

tirar

gukwega

tirar

guta

caer

gutemba

estar acostado

kurambarara hasi

esperar

kurindira

llevar

gutwara

estar sentado

kwicara

vestirse

kwambara

dormir

kuryama

despertar

kuvyuka

mirar

kuraba

llorar

kurira

acariciar

kwagaza

peinar

gusokoza

hablar

kuvuga

entender

gutahura

preguntar

kubaza

escuchar

kumviriza

beber

kunywa

comer

gufungura

ordenar

gutondeka

amar

gukunda

cocinar

guteka

manejar

gutwara

volar

kuguruka

navegar

kugira siporo bita voile

calcular

guharura

leer

gusoma

aprender

kwiga

trabajar

gukora

casarse

kurongora

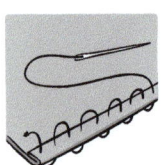

coser

gushona

cepillarse los dientes

kwijigitura

matar

kwica

fumar

kunywa itabi

enviar

kurungika

la familia

umuryango

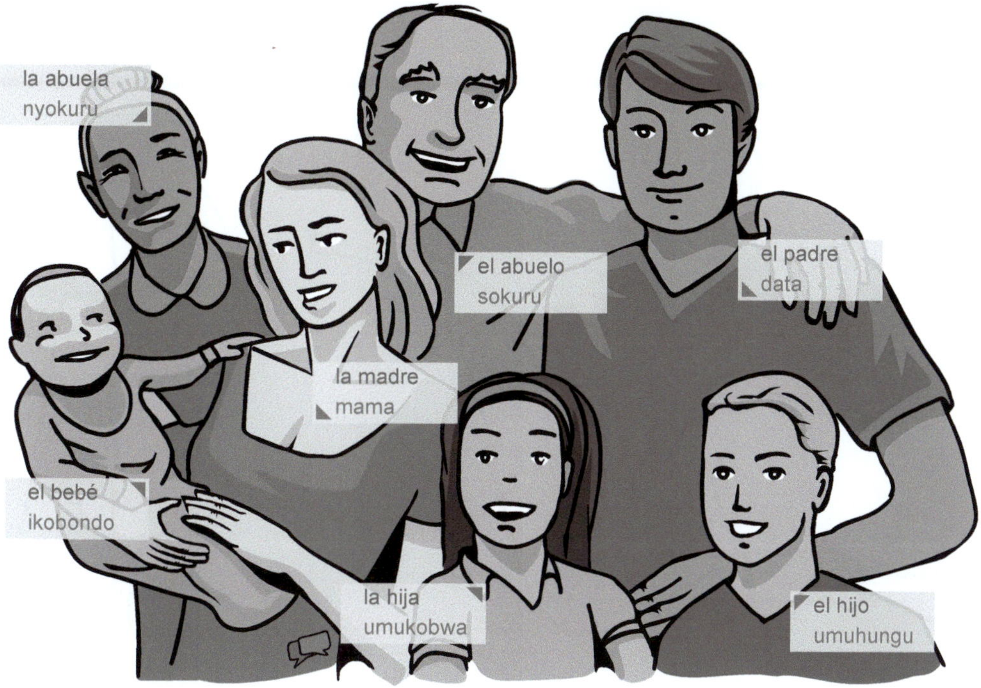

la abuela
nyokuru
el abuelo
sokuru
el padre
data
la madre
mama
el bebé
ikobondo
la hija
umukobwa
el hijo
umuhungu

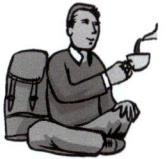

el invitado

umushitsi

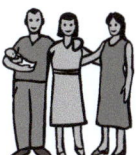

la tía

masenge

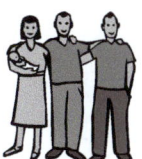

el tío

marume

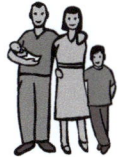

el hermano

musaza w' umuntu

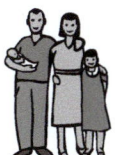

la hermana

mushiki w' umuntu

el cuerpo
umubiri

la frente
agahanga
el ojo
ijisho
el hombro
urutugu
el dedo
urutoki
la cara
isura
la pera
agasakanwa
la mano
ikiganza
la pierna
ukuguru
el pecho
agatuntu
el brazo
ukuboko

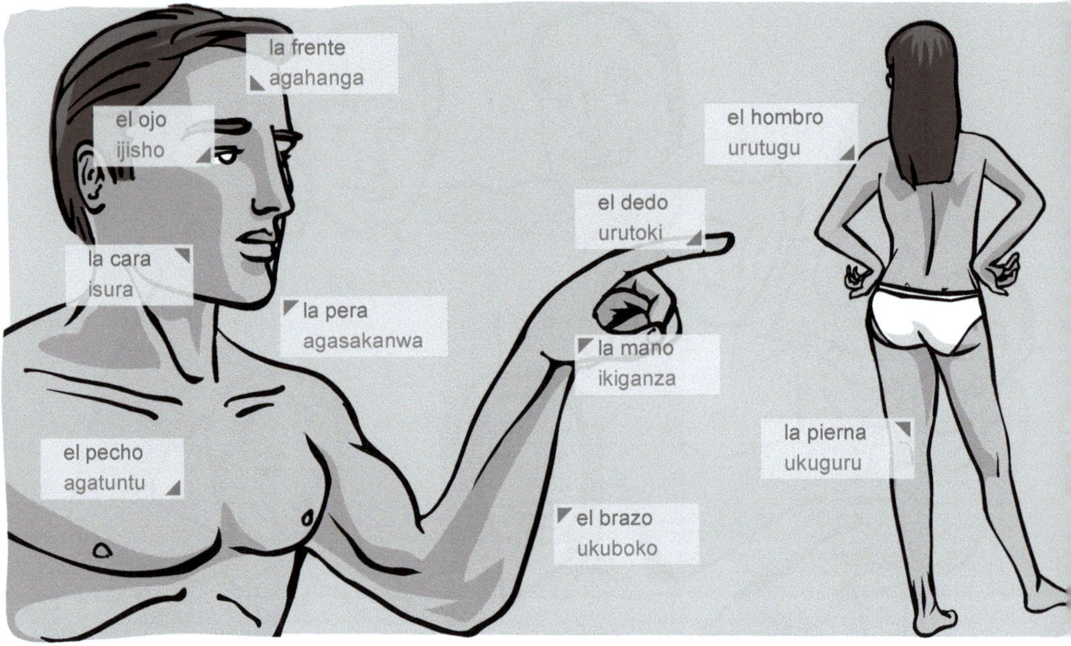

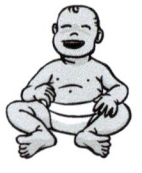

el bebé

ikobondo

el hombre

umugabo

la mujer

umugore

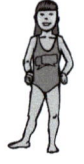

la nena

umwigeme

el nene

umuhungu

la cabeza

umutwe

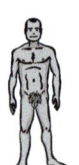

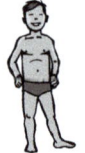

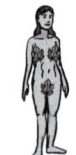

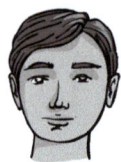

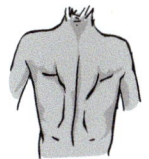

la espalda

umugongo

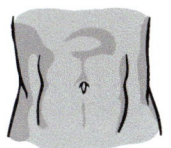

la panza

inda

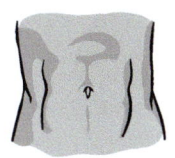

el ombligo

umukondo

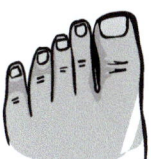

el dedo del pie

ino

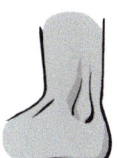

el talón

agatsintsiri

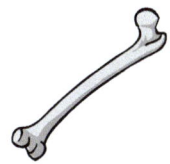

el hueso

igufa

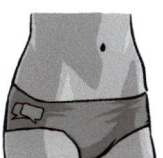

la cadera

ku mafyigo

la rodilla

ivi

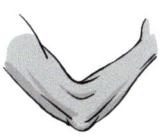

el codo

inkokora

la nariz

izuru

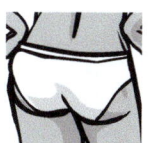

la cola

igisusu

la piel

urukoba

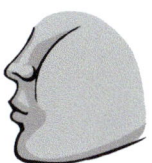

el cachete

itama

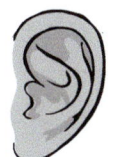

la oreja

ugutwi

el labio

umunwa

el cuerpo - umubiri

la boca

umunwa

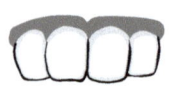

el diente

iryinyo

la lengua

ururimi

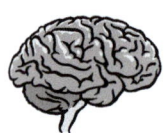

el cerebro

ubwonko

el corazón

umutima

el músculo

umutsi

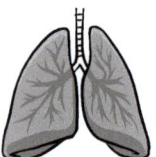

el pulmón

ihaha

el hígado

igitigu

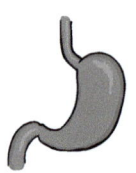

el estómago

umushishito

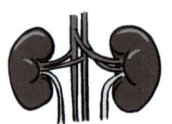

los riñones

amafyigo

el sexo

kurangura amabanga
y'abubatse

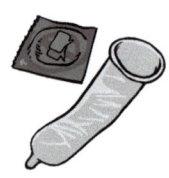

el preservativo

agapfuko

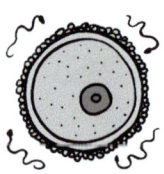

el óvulo

imbuto y' umugore

el semen

imbuto y'umugabo

el embarazo

imbanyi

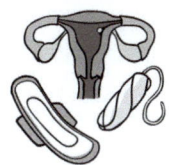

la menstruación

kuja mu kwezi

la vagina

igituba

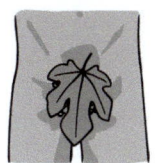

el pene

imboro

la ceja

ingohe

el pelo

umushatsi

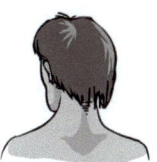

el cuello

izosi

el hospital
ibitaro

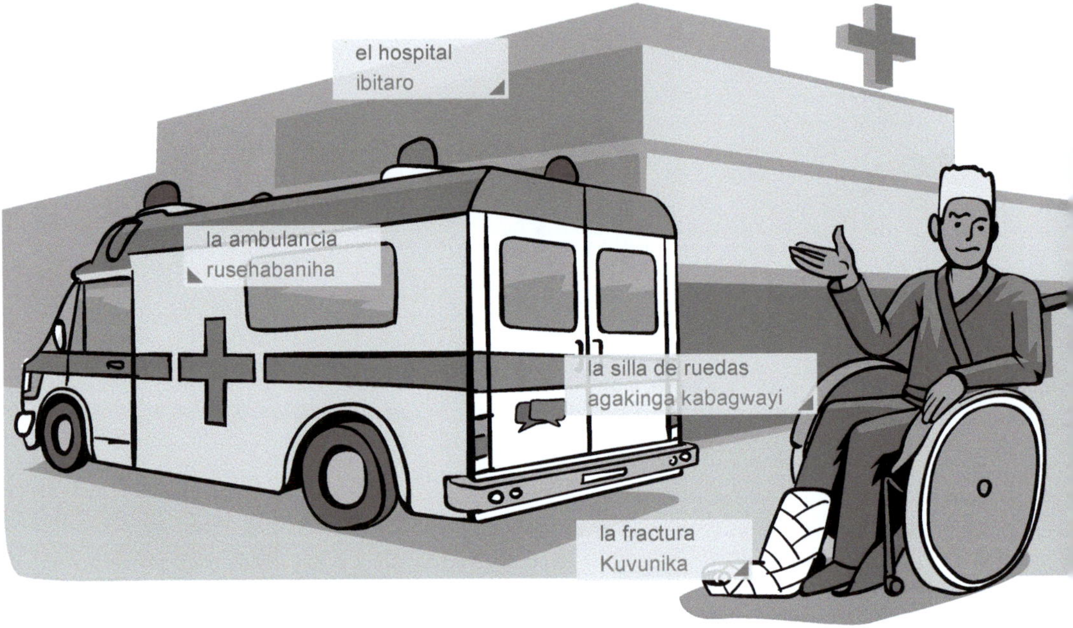

el hospital
ibitaro
la ambulancia
rusehabaniha
la silla de ruedas
agakinga kabagwayi
la fractura
Kuvunika

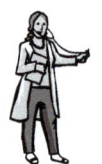

el médico
umuganga

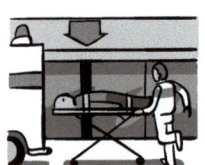

la sala de guardia
mundembe

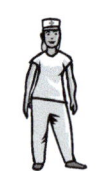

la enfermera
umuforomokazi

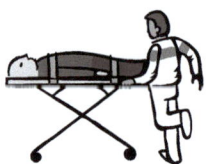

la emergencia
irijanse

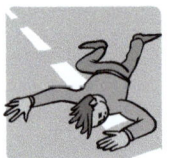

inconsciente
guta ubwenge

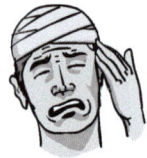

el dolor
ububabare

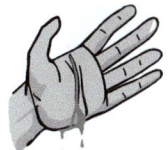

la lesión

igikomere

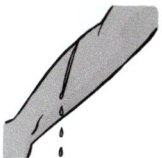

la hemorragia

kuva amaraso

el infarto

uguhagarara k' umutima

el ACV

kuvira indani

la alergia

guhurirwa

la tos

inkorora

la fiebre

ubushuhe bw'umubiri

la gripe

giripe

la diarrea

gucibwamwo

el dolor de cabeza

kumeneka umutwe

el cáncer

Kanseri

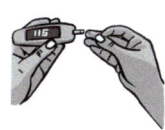

la diabetes

Diyabeti

el cirujano

muganga ajejwe kubaga

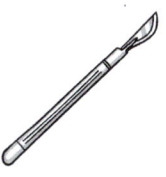

el bisturí

akuma ka muganga ubaga

la operación

kubagwa

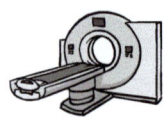

la TC

sikaneri

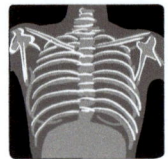

los rayos x

radiyogarafi

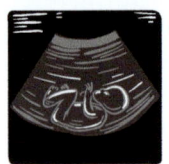

la ecografía

ekogarafi

el barbijo

masike

la enfermedad

indwara

la sala de espera

aho kurindirira

la muleta

icishimikizo

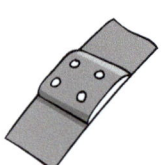

la curita

gufuka igikomere

la venda

gufuka igikomere

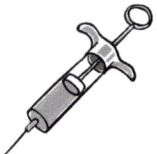

la inyección

gutera urushinge

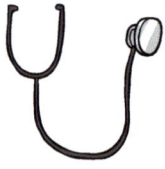

el estetoscopio

icuma cumviriza amahaha
n'umutima

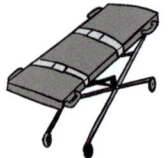

la camilla

ingovyi

el termómetro

igipima umuriro w' umubiri

el nacimiento

kuvuka

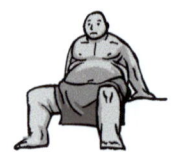

el sobrepeso

umuvyibuho urengeje

el audífono

igifasha umuntu kumva neza

el desinfectante

imiti y' ibikomere

la infección

kwandura

el virus

umugera

el VIH / SIDA

umugera wa sida

el remedio

ubuvuzi

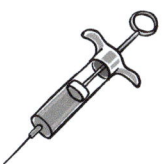

la vacunación

guhabwa urucanco

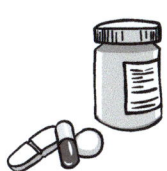

los comprimidos

ibinini

la pastilla anticonceptiva

ikinini mbonezamvyaro

la llamada de emergencia

telefone itabaza

el tensiómetro

igipima umuvuduko w' amaraso

enfermo / sano

arwaye / akomeye

¡Ayuda!

muntabare!

la alarma

ikengere

la agresión

igitero

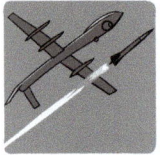

el ataque

igitero

el peligro

ibihe bikomeye

la salida de emergencia

icanzo

¡Fuego!

umuriro!

el matafuego

ikizimyamwoto

el accidente

isanganya

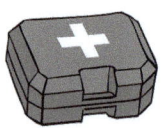

el botiquín de primeros auxilios

isanduku y' ubutabazi

el SOS

ubutabazi

la policía

igipolisi

Europa

Buraya

América del Norte

Uburaruko bw' amerika

América del Sur

Ubumanuko bw' amerika

África

Afurika

Asia

Aziya

Australia

Ositarariya

el Atlántico

ibahari y' Antalantika

el Pacífico

ibahari ya Pasifika

el Océano Índico

ibahari y' Ubuhinde

el Océano Antártico

ibahari y' Antaragitika

el Océano Ártico

ibahari y' Aragitika

el polo norte

Uburaruko bw' umubumbe
w' isi

el polo sur
....
Ubumanuko bw' umubumbe
w' isi

la Antártida
....
antaragitika

la Tierra
....
isi

la tierra
....
isi

el mar
....
ibahari

la isla
....
izinga

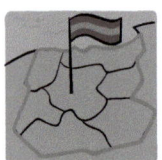

la nación
....
igihugu

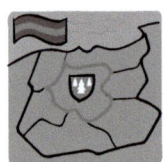

el estado
....
reta

la esfera

aho barabira isaha

la manecilla de las horas

urushinge rw' amasaha

el minutero

urushinge rw' iminota

el segundero

urushinge rw' amasegonda

¿Qué hora es?

ni gihe ki?

el día

umunsi

la hora

igihe

ahora

ubu nyene

el reloj digital

isaha ya electronique

el minuto

umunota

la hora

isaha

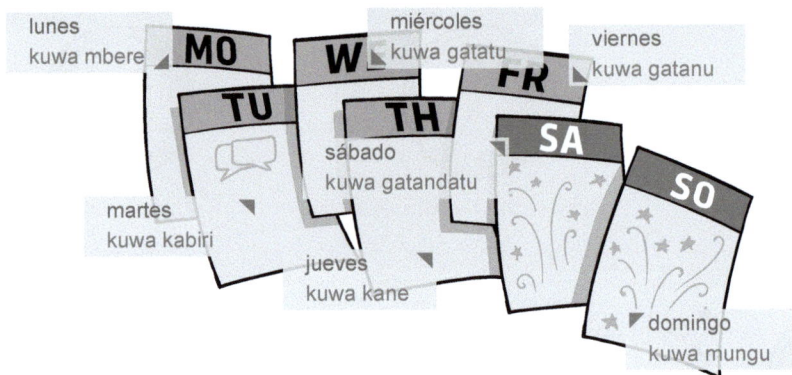

lunes
kuwa mbere

miércoles
kuwa gatatu

viernes
kuwa gatanu

martes
kuwa kabiri

sábado
kuwa gatandatu

jueves
kuwa kane

domingo
kuwa mungu

ayer

ejo haheze

hoy

ubunyene

mañana

ejo hazoza

la mañana

mu gatondo

el mediodía

sasita

la tarde

ku mugoroba

MO	TU	WE	TH	FR	SA	SU
1	2	3	4	5	6	7
8	9	10	11	12	13	14
15	16	17	18	19	20	21
22	23	24	25	26	27	28
29	30	31	1	2	3	4

los días hábiles

iminsi y' ibikorwa

MO	TU	WE	TH	FR	SA	SU
1	2	3	4	5	6	7
8	9	10	11	12	13	14
15	16	17	18	19	20	21
22	23	24	25	26	27	28
29	30	31	1	2	3	4

el fin de semana

weekende

el año
umwaka

la lluvia
imvura
el arco iris
umunywamazi
la nieve
urubura
el viento
umuyaga
la primavera
igihe c' umwaka bita printemps
el otoño
igihe c' umwaka bita Automne
el verano
ici
el invierno
igihe c' umwaka bita hiver

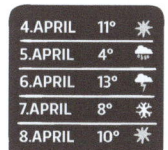

4.APRIL 11°
5.APRIL 4°
6.APRIL 13°
7.APRIL 8°
8.APRIL 10°

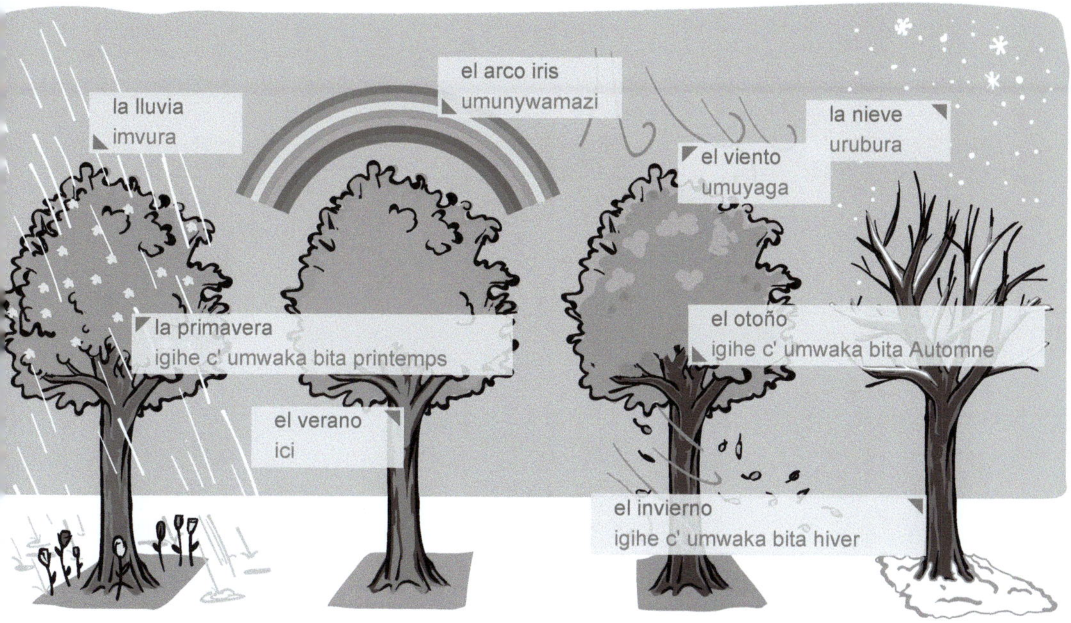

el pronóstico meteorológico

ikirangabihe

F C
120 40
90 30
60 20
30 10
0 0
-30 -10
-20

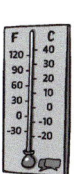

el termómetro

igipima ubushuhe bw' umubiri

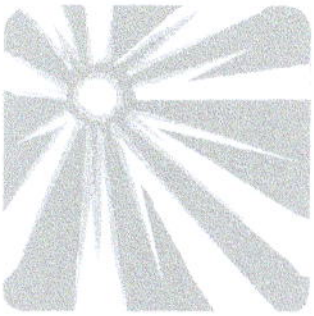

la luz del sol

ubuseruko bw' izuba

la nube

igicu

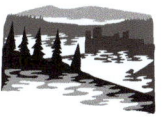

la niebla

igipfungu

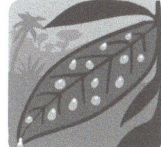

la humedad

ifira

el rayo

umuravyo

el trueno

inkuba

la tormenta

igihuhusi

el granizo

urubura

el monzón

igihuhusi bita mousson

la inundación

umwuzure

el hielo

ibarafu

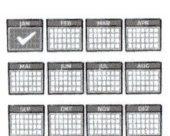

enero

nzero

febrero

ruhuhuma

marzo

ntwarante

abril

ndamukiza

mayo

rusama

junio

ruhenshi

julio

mukakaro

agosto

myandagaro

septiembre

nyakanga

octubre

gitugutu

noviembre

munyonyo

diciembre

migarama

las formas
forume geometrike

el círculo

umuzingi

el cuadrado

ikwadarato

el rectángulo

urikiramende

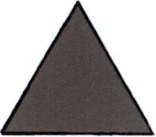

el triángulo

inyabutatu

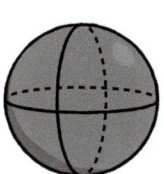

la esfera

umubumbe

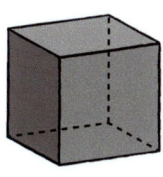

el cubo

agasandugu

blanco

ibara ryera

amarillo

ibara ry' umuhondo

naranja

ibara risa n' umucungwe

rosa

ibara rya rose

rojo

ibara ritukura

violeta

ibara rya mauve

azul

ibara ry' ubururu

verde

ibara ry'icatsi kibisi

marrón

ibara ry' igihogo

gris

ibara rya gris

negro

ibara ryirabura

mucho / poco

vyinshi / bikeyi

enojado / tranquilo

washavuye / utekereje

lindo / feo

mwiza / mubi

el principio / el fin

intanguriro / iherezo

grande / chico

kinini / gitoyi

claro / oscuro

gikeye / cijimye

el hermano / la hermana

musaza w' umuntu / mushiki
w' umuntu

limpio / sucio

gisukuye / gicafuye

completo / incompleto

gikwiye / gicagatiye

el día / la noche

umunsi / ijoro

muerto / vivo

wapfuye / ariho

ancho / angosto

cagutse / caga

comestible / no comestible

kiryoshe / kibishe

malo / amable

umutima mubi / umutima mwiza

entusiasmado / aburrido

anezerewe / arambiwe

gordo / flaco

kivyibushe / conze

primero / último

cambere / canyuma

el amigo / el enemigo

umugenzi / umwansi

lleno / vacío

cuzuye / kiri gusa

duro / blando

kigumye / coroshe

pesado / liviano

kiremereye / gihwahutse

el hambre / la sed

inzara / inyota

enfermo / sano

arwaye / akomeye

ilegal / legal

cemewe n'amategeko / kitemewe n'amategeko

inteligente / estúpido

incabwenge / ikijuju

izquierda / derecha

ibubamfu / iburyo

cerca / lejos

hafi / kure

nuevo / usado

gishasha / gishaje

nada / algo

ntaco / kiriho

viejo / joven

umutama / urwaruka

encendido / apagado

kwatsa / kuzimya

abierto / cerrado

kugurura / kugara

silencioso / ruidoso

gitekereje / gifise urwamo

rico / pobre

umutunzi / umukene

correcto / incorrecto

nivyo / sivyo

áspero / suave

kigoramye / kigororotse

triste / contento

ashavuye / anezerewe

corto / largo

kigufi / kirekire

lento / rápido

kigenda bukebuke / kinyaruka

mojado / seco

gitose / cumye

caliente / frío

gishushe buhoro / gikanye buhoro

guerra / paz

intambara / amahoro

0

cero

ubusa

1

uno

rimwe

2

dos

kabiri

3

tres

gatatu

4

cuatro

kane

5

cinco

gatanu

6

seis

gatandatu

7

siete

indwi

8

ocho

umunani

9

nueve

icenda

10

diez

cumi

11

once

cumi na rimwe

12

doce

cumi na kabiri

13

trece

cumi na gatatu

14

catorce

cumi na kane

15

quince

cumi na gatanu

16

dieciséis

cumi na gatandatu

17

diecisiete

cumi n' indwi

18

dieciocho

cumi n' umunani

19

diecinueve

cumi n' icenda

20

veinte

mirongo ibiri

100

cien

ijana

1.000

mil

igihumbi

1.000.000

el millón

umuriyoni

el inglés

Icongereza

el inglés americano

Icongereza co muri Amerika

el chino mandarín

Mandare kivugwa mu bushinwa

el hindi

Igihinde

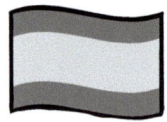

el español

Ikispaniya

el francés

Igifaransa

el árabe

Icarabu

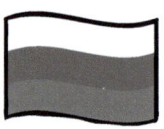

el ruso

Ikirusiya

el portugués

Igiporitigare

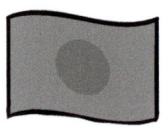

el bengalí

Ikibengare

el alemán

Ikidage

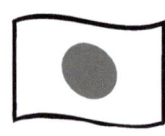

el japonés

Ikiyapani

yo

jewe

vos

wewe

él / ella

we / we / co

nosotros

twebwe

ustedes

mwebwe

ellos

bo

¿quién?

inde?

¿qué?

iki?

¿cómo?

gute?

¿dónde?

hehe?

¿cuándo?

ryari?

el nombre

izina

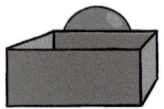

detrás

inyuma ya

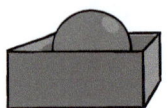

en

indani ya

adelante de

imbere ya

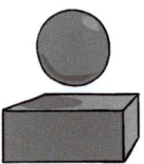

por encima de

hejuru ya

sobre

ku

debajo de

munsi ya

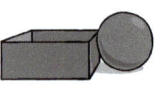

al lado de

mu mbavu ya

entre

hagati ya

el lugar

ikibanza